AF356988

PRÈS DU TOMBEAU DE CESTIUS

Dʳ MAURICE MUTTERER

PRÈS DU TOMBEAU DE CESTIUS

LETTRES D'ITALIE
à un Ami d'Alsace

OUVRAGE COURONNÉ PAR L'ACADÉMIE FRANÇAISE
(*Prix J.-J. Weiss*)

Laisse-moi vivre ici, Jupiter, et que plus tard Hermès me conduise,
En passant près du tombeau de Cestius, doucement au séjour des morts.
(Goethe, *Élégies romaines.*)

PARIS

BERGER-LEVRAULT, ÉDITEURS

136, BOULEVARD SAINT-GERMAIN (VIᵉ)

1924

AVANT-PROPOS

Œuvre d'imagination composée sur une donnée fictive, mais à l'aide de souvenirs vécus, ces lettres ont été écrites pendant la guerre, dans une grande ville d'Alsace tout près du front. Le terrorisme militaire allemand avait fait de cette contrée comme un vaste camp de prisonniers, sur lequel la délation sans cesse aux aguets faisait planer la menace perpétuelle des pires mesures de rigueur, et où les nouvelles encourageantes du dehors ne pénétraient que rarement et avec peine. Malgré le scepticisme avec lequel on y accueillait les communiqués officiels, on ne pouvait toujours s'y défendre d'un sentiment de découragement, contre lequel on tâchait de réagir en détournant son attention des événements en cours, et en occupant son esprit de choses étrangères à la politique du moment.

En face d'un présent plein d'angoisses et d'un avenir incertain, il y avait notamment un grand réconfort à se porter vers l'étude du passé, et à y chercher des enseignements capables de faire mieux supporter les tristesses de ces pénibles années. C'est ce qu'a tenté l'auteur de ces lettres, en évoquant, dans un cadre que ses souvenirs personnels lui avaient rendu particulièrement attrayant, quelques figures des temps anciens; et, en consacrant à cet ouvrage tous les rares moments de loisir que lui laissait l'exercice d'une profession astreignante, il lui a semblé qu'il attendait avec plus de calme le dénouement du terrible drame où l'existence même de son pays était en jeu.

Mulhouse, octobre 1920.

Dr M. MUTTERER.

Innsbruck, août 1912.

Comme je te le faisais entrevoir il y a quelque temps déjà, ce n'est pas un simple voyage d'agrément que j'entreprends cette fois-ci; mais c'est bien dans l'intention de m'y fixer définitivement que je me rends en Italie.

Ai-je besoin de t'indiquer les motifs qui m'ont fait prendre cette décision? Tu connais l'attrait que ce beau pays a toujours exercé sur moi; tu te rappelles qu'autrefois j'avais même songé à m'y établir, mais que j'avais reculé devant les difficultés qui s'opposaient à l'exécution d'un dessein pareil; tu sais enfin que, jusqu'il y a peu d'années, j'allais du moins y passer presque toutes mes vacances, et tu n'ignores pas combien il m'en a coûté ces derniers temps de ne plus pouvoir y faire mes voyages accoutumés.

Or voilà que les circonstances, en m'obligeant à envisager mon avenir sous un jour nouveau, m'ont fait revenir sur cet ancien projet que j'avais cru enterré à jamais. Le surmenage de ces dernières années ayant sérieusement ébranlé ma santé, j'ai dû me rendre compte que je ne pourrais plus continuer longtemps ainsi, et qu'il me faudrait sans doute renoncer bientôt à la vie de fatigues que j'ai menée jusqu'ici. D'autre part, n'ayant plus d'attaches au pays, où la situation politique rend l'existence de plus en plus difficile, il est naturel que j'aie songé à le quitter en même temps que j'abandonnais les occupations qui m'y avaient retenu jusque-là. N'était-ce pas alors le moment de réaliser ce qu'autrefois j'avais si longtemps rêvé en vain ? Si, comme je le suppose, je n'ai plus que quelques années devant moi, il est légitime que j'en jouisse à ma guise, et, après avoir consacré la plus grande partie de mon existence au service d'autrui, il m'est bien permis de vivre enfin pour moi-même et dans un milieu qui m'agrée, en mettant, comme on disait jadis, un intervalle entre la vie et la mort.

Il m'en a coûté un moment de rompre d'une manière aussi radicale avec mon passé, mais je me suis senti parfaitement heureux une fois ma décision prise. C'était déjà une volupté toute

nouvelle pour moi de me sentir enfin complètement libre, car rien n'affranchit l'esprit autant
que de ne plus se soucier du lendemain, et,
comme dit Chateaubriand, « il n'est rien de tel
que l'idée de la mort pour vous débarrasser de
l'avenir ». Je pourrais donc disposer de moi sans
être limité en aucune manière, aller où bon me
semblerait, réaliser enfin mon rêve de vivre en
Italie, et cela au moment où je commençais
à me demander si j'y retournerais jamais ! Je
reverrais ainsi Rome et la Campagne romaine,
non pas dans une vision rapide comme lors de
mes voyages précédents, mais je pourrais en
jouir longuement, pleinement, sans autre préoccupation que de bien me pénétrer de cette
atmosphère particulière de détachement des
choses de ce monde qu'on ne respire que là ;
puis je reposerais peut-être, ainsi que l'avait
souhaité Goethe, près du tombeau de Cestius,
sous les cyprès de ce poétique cimetière des
étrangers si paisiblement endormi au pied de
l'Aventin !

C'est sous l'empire de ces idées que j'ai mis
ordre à mes affaires, et que j'ai quitté l'Alsace,
sans doute pour ne plus y revenir. Je compte
me rendre d'abord à Venise, puis de là à petites
journées à Rome, où je me ferai envoyer les

quelques meubles et les livres dont je n'ai pas
voulu me séparer. Selon ton désir, je te promets
de t'écrire régulièrement; mais je ne te parlerai
sans doute pas beaucoup de moi-même, car je
veux tâcher de m'oublier autant que possible
parmi les poétiques souvenirs du passé dont on
se sent entouré sur cette belle terre d'Italie.

Torbole (Lac de Garde), août 1912.

Me voilà donc en route pour une vie nouvelle, courte peut-être, mais que je n'échange-
rais pas contre un siècle de celle que j'ai menée
ces derniers temps. Tu ne saurais croire combien
je suis heureux de ne plus rien voir ni plus rien
entendre maintenant qui me rappelle celle-ci, et
de pouvoir me livrer sans arrière-pensée au
sentiment de la liberté enfin conquise !

Dans ce pays où les gens me sont étrangers,
mais où les choses me sont familières depuis
longtemps, l'isolement dans lequel je me trouve
m'est un repos et une jouissance de plus. J'ai
du reste pour compagnons de voyage deux de
mes auteurs favoris : Montaigne et Goethe, qui,
à deux siècles de distance l'un de l'autre, se sont
rendus en Italie exactement par le même che-

min que j'ai choisi. Tous deux ont laissé des relations de leur voyage, que je me plais à relire maintenant, autant pour ce qu'elles rappellent de l'aspect que présentait alors le pays, que pour ce qu'elles ajoutent à la connaissance de la vie et du caractère de leurs auteurs.

Pour Goethe, le voyage d'Italie, qui depuis son enfance formait l'objet de ses rêves (1), est un événement capital de son existence. Agé de trente-sept ans, il n'a pas atteint son apogée, et il est encore assez jeune pour que les impressions recueillies puissent exercer une influence prépondérante sur le développement de son génie. Ce qui l'attire avant tout, c'est l'antiquité, qu'il étudie en artiste autant qu'en poète, puis la Renaissance, tandis que le Moyen Age italien le laisse plus ou moins indifférent. C'est aussi le pays en lui-même, qui, avec la douceur de son climat, le caractère méridional de sa végétation, les mœurs pittoresques de ses habitants, exerce une vraie fascination sur lui, homme du Nord.

----

(1) L'amour de l'Italie avait été inculqué à Goethe enfant par son père, qui avait gardé un souvenir ineffaçable du voyage qu'il y avait fait; à ce point que, selon l'expression de son fils, «il ne pouvait jamais devenir tout à fait malheureux, parce qu'il se reportait toujours de nouveau en pensées à Naples ».

Les deux années qu'il y passe sont à la fois les plus heureuses et les plus riches de sa carrière, et jamais il ne se sera senti aussi pleinement lui-même qu'à ce moment. Il en conservera toujours la nostalgie, et un reflet du bonheur intense qu'il y aura éprouvé répandra son charme jusque sur les années de sa vieillesse.

Pour Montaigne, qui, plus âgé de dix ans, a déjà achevé la plus grande partie de son œuvre, ce voyage n'a plus la même portée; ce n'est qu'un délassement d'un esprit toujours curieux de nouveautés. L'Italie ne l'intéresse après tout guère plus que la Suisse ou que l'Allemagne, qu'il vient de parcourir auparavant; ce n'est pas l'art, ni même les vestiges de l'antiquité qu'il tient à y étudier en première ligne, mais plutôt la vie présente sous ses aspects les plus divers. Son journal, qui n'est pas, comme celui de Goethe, destiné à la publicité, n'a aucune prétention littéraire; il l'a écrit ou dicté uniquement pour lui-même, et c'est par un simple hasard que, près de deux siècles après sa mort, on en a retrouvé le manuscrit. La précision des renseignements d'ordre pratique qu'il donne aurait pu en faire un guide précieux pour ses contemporains; pour nous, cette manière d'observer nous vaut une foule de menus détails pleins d'intérêt sur la vie de tous les jours à cette époque. Montaigne est d'ailleurs un juge très impartial; bien que les fatigues et les mille petites contrariétés inséparables d'un aussi long voyage aient certainement joué alors un plus grand rôle que maintenant, il ne se départ jamais de la tranquille philosophie avec laquelle il envisage toutes choses. Et pourtant c'est un homme malade, qui souffre souvent d'une manière très cruelle. C'est toutefois sans aucune espèce de plainte que son journal enregistre les péripéties de son mal; et rien n'est plus de nature à grandir l'estime pour l'auteur des *Essais* que de voir ainsi combien l'homme en lui sait être, jusque dans les détails de sa vie quotidienne, d'accord avec les principes de l'œuvre.

A Innsbruck, j'étais descendu à l'hôtel de l'Aigle d'Or, où Goethe avait logé en 1786. Son journal de voyage ne dit pas grand'chose de cette ville, où le poète n'a fait que passer, et dont il relève seulement la magnifique situation. Quant à Montaigne, il semble s'y être arrêté davantage; il en parle comme d'une petite ville très belle et très bien bâtie, avec beaucoup de fontaines et de ruisseaux et des maisons construites en terrasses. Il descendit à la Rose, « très bon logis », sur lequel il donne quelques détails. Le lendemain, il alla visiter les salines de Hall, qui l'intéressèrent beaucoup; puis il se rendit à Ambras, pour y saluer l'archiduc Ferdinand. Il ne fut toutefois pas reçu par ce dernier, qui, à ce qu'on lui dit, ne voyait pas volontiers les Français, et il ne put même pas visiter le château.

J'ai profité de mon séjour à Innsbruck pour aller moi-même à Ambras, délicieusement situé à peu de distance de la ville, et, plus heureux que Montaigne, j'ai pu m'y promener à mon aise, ainsi que dans le magnifique parc attenant. J'y ai d'ailleurs moins rencontré le souvenir du peu accueillant prince que celui de son épouse, la belle Philippine Welser, qui est vraiment la fée de ce charmant endroit. En voyant les portraits où elle nous apparaît si fine et si gracieuse, on comprend que cette simple fille d'un bourgeois d'Augsbourg ait pu inspirer une passion aussi profonde et aussi durable au neveu de Charles-Quint. Elle venait de mourir quelques mois avant l'arrivée de l'auteur des *Essais*, et il est probable que le chagrin de sa perte aura contribué à rendre son mari peu disposé à recevoir des étrangers chez lui. Cet archiduc Ferdinand était d'ailleurs un homme cultivé et ami des arts, notamment « grand bâtisseur », comme dit Montaigne. Il avait fait de son château d'Ambras un vrai musée; malheureusement ses collections se dispersèrent après sa mort, ou furent en partie transportées à Vienne.

Torbole a eu, comme Innsbruck, la visite de Montaigne aussi bien que celle de Goethe. Le premier n'y a passé que quelques heures, et semble y avoir peu goûté le paysage, trop sévère à son gré avec ses hautes montagnes « rechignées et sèches ». J'ai fait comme lui la promenade de Torbole à Riva, et, malgré la manière différente dont nous sommes habitués de nos jours à voir la nature, je n'ai pas pu m'empêcher de lui donner un peu raison, en présence des immenses rochers dépourvus de végétation qui obscurcissent le paysage à Riva et ont l'air de vouloir écraser la petite ville. Il parle par contre avec éloges de la partie méridionale du lac, « où il y a force églises et tout plein de beaux parcs d'oliviers, d'orangiers et d'autres tels fruitiers ».

Depuis Torbole même, le panorama est plus attrayant que depuis Riva; la vue s'étend au loin sur le lac, et les rochers qui en bordent toute la partie septentrionale, apparaissant à une certaine distance, avec cette vaste nappe d'eau qu'ils encadrent, prennent des contours bien plus harmonieux. Goethe a beaucoup admiré ce paysage, dont il donne en quelques lignes une jolie description, et il parle en général avec enthousiasme des beautés de la contrée. Il a traversé le lac dans toute sa longueur, et j'ai eu beaucoup de plaisir, en faisant à peu près le même trajet aujourd'hui, à voir les endroits où il s'est arrêté ou bien qu'il note au passage : Malcesine avec son pittoresque vieux château où il a eu son amusante aventure avec les autorités vénitiennes de l'endroit, Limona avec ses plantations de citronniers qui sont encore telles qu'il les a vues, Bardolino où il a débarqué pour prendre la route de Vérone, Bogliaco, Gargnano, Toscolano, Maderno, etc.

C'est au lac de Garde que Goethe dit avoir eu pour la première fois l'impression de se trouver dans un monde tout à fait nouveau : sentiment plein de charme pour lui, quoique mêlé un instant d'une sensation d'isolement presque nostalgique. Je n'en suis pas comme lui à mon premier voyage en Italie; j'avoue toutefois que je n'ai jamais pu passer les Alpes sans éprouver une vraie émotion. Il me semble toujours retrouver dans ce beau pays comme une partie de moi-même que j'y aurais laissée en le quittant la dernière fois. Mon émotion en y reve-

nant maintenant d'une façon presque inespérée
a été plus forte que jamais, et cela d'autant
plus que ce dernier voyage me fera définitivement trouver ma seconde patrie dans ce pays
auquel me rattachent tant de beaux souvenirs.

Venise, septembre 1912.

Voilà près d'une quinzaine que je suis à Venise, alors que je ne comptais m'y arrêter que deux ou trois jours. Ce qui me retient ici, c'est le repos dont on jouit dans cette ville, si bien faite pour se laisser vivre, et où tout vous invite aux tranquilles rêveries. Un passé plein de poésie s'y présente à l'imagination dans son cadre naturel à peine modifié par le temps, sans qu'on ait besoin d'aucun effort pour en retrouver les traces, qui s'y offrent en quelque sorte spontanément à vous.

Descendu à l'hôtel où Goethe a logé pendant les deux semaines qu'il a passées ici (1), je vois sous mes fenêtres le même petit canal, le même petit pont, la même ruelle qu'il a eus sous les yeux pendant son séjour : tout cela

____

(1) Alors Hôtel de la Reine d'Angleterre, maintenant Hôtel Victoria.

n'ayant apparemment guère changé depuis lors. Il me plaît que ce soient les souvenirs de cette époque qui m'aient accueilli d'abord à mon arrivée dans cette ville, où la grâce nonchalante du xviiie siècle a trouvé son milieu idéal, et où le déclin de l'ancien régime, avec sa joie de vivre si surprenante à la veille de la catastrophe qui devait l'engloutir, se comprend mieux que partout ailleurs.

On reproche souvent à la République de Venise d'avoir fini d'une manière peu digne de ses glorieuses traditions. Le fait est que, voyant son rôle politique terminé, elle ne tente plus, dès le début du xviiie siècle, aucun effort sérieux pour tâcher de reconquérir le rang qu'elle sent avoir irrémédiablement perdu; elle a conscience de ce que son heure est passée, et elle préfère renoncer à une lutte qu'elle sait d'avance inutile. Jouir le mieux possible des années d'indépendance qui lui restent encore, puis disparaître sans l'apparence du regret, pour ainsi dire le sourire aux lèvres, c'est là, semble-t-il, sa suprême ambition; et l'indifférence politique de la plupart de ses citoyens fait songer à l'ataraxie épicurienne, telle que beaucoup parmi les meilleurs esprits de la Grèce asservie l'opposaient à la domination étrangère.

Cet état d'esprit a trouvé son écho dans la littérature vénitienne de cette époque, comme par exemple chez Gasparo Gozzi, dont les œuvres expriment peut-être le mieux les manières de voir de son temps. Dans les nombreux écrits où cet intarissable polygraphe, vrai ancêtre de nos journalistes modernes, touchait à tous les sujets possibles, on retrouve une image fidèle de la Venise du XVIIIe siècle, de ses mœurs et de ses idées. La morale de Gozzi rappelle celle d'Horace, l'auteur favori de son époque : jouir du moment présent, en évitant de se faire du souci pour l'avenir, savoir s'adapter aux circonstances, se contenter de ce qu'on a sans rien désirer de plus. Avec cela, il ne vit lui-même que pour son travail, et il supporte courageusement la gêne à laquelle il est condamné pendant toute son existence, trouvant assez de bonheur à son gré dans le culte des lettres. Il assiste à la vie de son temps en spectateur plutôt qu'en acteur; toutefois, les revues qu'il publie, et qu'on lit partout, lui assurent, dans les milieux vénitiens où l'on se pique de littérature, une influence d'autant moins contestée que c'est précisément eux-mêmes et leurs idées que les représentants de ces milieux reconnaissent en elles.

Les petites scènes de la vie vénitienne dont sont parsemées les œuvres de Gozzi se retrouvent dans les tableaux de genre des peintres de l'époque, comme Pietro Longhi et Francesco Guardi. Les jolies salles settecentesques du Musée Correr doivent à ces derniers une grande partie de leur charme; et, en revanche, ces gracieux petits sujets ne pourraient être mieux goûtés que dans ce milieu où tout est en rapport avec ce qu'ils représentent. Ici aussi, c'est la joie de vivre insouciante, sans préoccupation du lendemain; la vie facile et riante, parce qu'on ne veut en voir que les côtés agréables et qu'on ne songe qu'au moment présent.

Cette conception de l'existence semble être également celle du plus grand parmi les peintres de cette période : G. B. Tiepolo. Mieux peut-être encore qu'à Venise, on apprend à le connaître sous ce rapport à Vicence, où, dans la Villa Valmarana, il a trouvé un champ d'action on ne peut mieux approprié à la prodigieuse diversité de son génie. Les environs de cette ville, du côté des Monti Berici, ont un charme dont la suavité rappelle certains paysages de Claude Lorrain; et, par une belle soirée ensoleillée, rien n'est plus délicieux que la vue depuis la Madonna del Monte vers la colline où, non loin de la Rotonde de Palladio, se trouve la simple maison de campagne du comte Valmarana, ornée par Tiepolo de fresques dont les sujets principaux sont tirés d'Homère, de Virgile, de l'Arioste et du Tasse. Jamais peut-être le grand artiste n'eut aussi bien que là l'occasion de donner libre cours à toute la verve de sa brillante inspiration : on dirait que la grandiose richesse d'imagination du Véronèse se serait alliée à la grâce du Corrège et à la spirituelle fantaisie des Longhi et des Guardi pour former cette ravissante série de compositions, où la poésie de l'antiquité classique et le romantisme du Moyen Age se rencontrent parmi les souvenirs gracieux de la vie vénitienne au XVIIIe siècle. Quel que soit d'ailleurs le sujet traité, toute cette peinture est enveloppée d'une atmosphère de sérénité que ne vient troubler aucune note pénible ou déplaisante : l'art a bien là pour but essentiel de créer du bonheur en n'éveillant que des impressions agréables, soit par la nature même des scènes représentées, soit par la manière dont celles-ci sont envisagées.

A part l'excursion à Vicence et quelques visites de musées et d'églises, mon temps depuis ces quinze jours a été consacré presque uniquement au « dolce far niente ». Sortant tard le matin, je me borne généralement à me rendre à pied d'ici à la poste, près du Rialto, en prenant par ce dédale de petites rues où la vie vénitienne se déroule d'une manière si pittoresque, et où Goethe aimait à goûter la sensation particulière d'isolement qu'on éprouve au milieu d'une foule inconnue. Mon chemin me menant par le Campo S. Bartolommeo, je ne manque jamais d'y saluer du regard la statue souriante du bon Goldoni, qui a l'air de se sentir à son aise, comme il y a cent cinquante ans, au milieu de ce peuple grouillant dans lequel il reconnaîtrait certainement aujourd'hui encore celui qu'il a si bien su décrire.

L'après-midi, je fais habituellement une promenade en gondole, me laissant conduire à l'aventure à travers les multiples canaux silencieux où les barques glissent sans bruit comme pour ne pas troubler la somnolence des vieux palais et des antiques petits jardins cachés derrière leurs murs mystérieux. Parfois aussi, je pousse jusqu'au Lido, et je reste alors des heures sur la plage, à lire ou simplement à regarder la mer, subissant sans pouvoir m'en lasser la fascination de l'immensité, dont le mouvement continuel absorbe l'attention sans la fatiguer, et dont la rumeur monotone, qu'on finit par ne plus percevoir que confusément, couvre les bruits étrangers capables de vous distraire. C'est l'état de calme parfait, où, selon l'expression de J.-J. Rousseau, « on ne jouit de rien d'extérieur à soi, de rien sinon de soi-même, et de sa propre existence ». Peut-être l'auteur des *Confessions* a-t-il en partie pris ici le goût des longues rêveries au bord de l'eau et des flâneries en barque qu'il décrit avec tant de charme; et qui sait si, dans les pages célèbres où il analyse la délicieuse sensation d'apaisement produite en lui, lors de son séjour à l'île Saint-Pierre, par l'aspect du lac de Bienne et du mouvement continu de ses vagues, il ne s'est pas souvenu aussi des impressions éprouvées pendant sa jeunesse à Venise ?

Venise, septembre 1912.

En rentrant du Lido hier soir à la nuit tombante, j'ai assisté depuis ma gondole au spectacle magnifique d'un orage sur Venise. C'était comme une ville autrefois entrevue en rêve qui sortait brusquement de l'obscurité à la lueur éblouissante des éclairs, et se reflétait un instant dans l'eau vivement illuminée pour disparaître de nouveau comme par enchantement. Dans cette courte vision d'éclatante blancheur, les merveilleux monuments qui entourent la Piazzetta, avec les coupoles byzantines de Saint-Marc émergeant derrière le palais des doges, prenaient un aspect féerique, faisant songer à l'évocation rapide et fantastique d'un conte des Mille et une Nuits. Au lieu de la Venise du XVIIIe siècle, dans laquelle j'avais vécu en imagination ces derniers jours, c'était celle de temps beaucoup plus anciens, presque légendaires, qu'il me semblait voir apparaître ainsi comme dans un mirage, et je songeais à l'époque lointaine où les croisés, venus ici s'embarquer pour la Terre-Sainte, trouvaient dans cette ville étrange leurs premières impressions exotiques, et comme un avant-goût de cet Orient si ardemment rêvé.

Et, tandis que la gondole se rapprochait lentement du rivage, j'eus comme l'illusion de voir passer devant mes yeux les moments les plus caractéristiques de l'histoire de Venise au Moyen Age.

Je me reportai d'abord au temps où la basilique primitive de Saint-Marc venait d'être construite, en partie avec des débris de monuments antiques d'Aquilée et d'Altinum, sur l'emplacement du verger des religieuses de S. Zaccaria, pour recevoir les reliques de l'évangéliste rapportées d'Égypte en 829. La petite république des Lagunes, dont l'île de Rialto était devenue le centre, reflétait alors encore toute la simplicité patriarcale admirée trois siècles auparavant par Cassiodore. Les maisons particulières ainsi que les ponts étaient généralement en bois ; à part quelques églises, il n'y avait guère d'autres bâtiments en pierre que l'un ou l'autre édifice public, comme l'ancien palais des doges, qui formait avec la basilique le principal ornement de la place Saint-Marc, alors un simple pré planté d'arbres et traversé par un ruisseau.

Puis, après les troubles qui ensanglantèrent la seconde moitié du x⁰ siècle, je me représentai la visite faite en 1001 par le romanesque jeune empereur Othon III à son parent et ami le doge Pietro Orseolo II. Par ses relations commerciales avec Byzance et avec les différents États arabes, de même que par ses succès militaires en Dalmatie, Venise pouvait alors déjà faire prévoir le rôle important qu'elle était appelée à jouer plus tard. Les richesses que le trafic avec les pays orientaux commençait à valoir à ses habitants n'étaient pas restées sans influence sur son aspect extérieur; ainsi le palais des doges et la basilique, en partie détruits par l'incendie de 976, venaient d'être reconstruits d'une manière plus grandiose par Orseolo, qui les avait fait somptueusement orner de marbres et de dorures, selon l'exemple des palais et des églises de Constantinople. En général, la civilisation grecque donnait alors le ton à Venise, et, sans se laisser aller à la mollesse de mœurs des Byzantins, les citoyens opulents imitaient ces derniers dans leurs coutumes cérémonieuses et dans leur manière de se vêtir.

Le jeune empereur, fils de l'intelligente et gracieuse princesse grecque Théophano, et élève de Gerbert de Reims, l'homme le plus savant de son temps, joignait à un esprit cultivé une imagination aventureuse et exaltée. La capitale des doges l'attirait comme quelque chose d'extraordinaire et de merveilleux, et il y vint plutôt en curieux qu'en souverain. De Ravenne, où il s'était arrêté à son retour de Rome, il se rendit à l'abbaye de Pomposa, et, laissant croire à tout le monde qu'il y consacrait quelques jours à la retraite, il gagna par mer la lagune vénitienne, où il débarqua un soir à l'île S. Servolo. Orseolo l'attendait avec une barque qui les mena tous deux à Venise, où ils atterrirent à S. Zaccaria. Après avoir visité l'église de ce couvent, Othon alla demeurer au palais des doges, dont il admira beaucoup les beautés architecturales et les nombreux trésors. Pendant le peu de temps que dura son séjour, il observa le plus strict incognito, et il retourna ensuite de nuit à Pomposa comme il en était venu, ravi de cette mystérieuse expédition dont il ne dévoila le secret que quelque temps après.

Lorsque moins de deux siècles plus tard une nouvelle visite impériale, celle de Frédéric Barberousse, eut lieu officiellement et en grande pompe, Venise n'était plus la modeste ville de province, plus grecque qu'italienne, dont Othon III était venu goûter en passant le charme exotique. Tout en ne perdant rien de son originalité, elle s'était beaucoup développée et embellie au fur et à mesure que sa puissance politique et sa prospérité matérielle augmentaient. Les anciennes constructions en bois, sans disparaître encore entièrement, avaient été remplacées de plus en plus, dans les quartiers principaux du moins, par des constructions en pierre, souvent ornées de fragments antiques ou même d'œuvres d'art rapportées d'outre-mer. La place Saint-Marc, alors déjà le centre de la vie vénitienne, avait été agrandie, ornée de colonnes et entourée d'un mur crénelé, tandis que le ruisseau qui la traversait était comblé, et que les arbres et l'herbe qui la couvraient disparaissaient, pour faire place plus tard à un pavage. La basilique avait été entièrement reconstruite pendant la seconde moitié du XIe siècle par des architectes byzantins, qui, avec l'aide d'artistes lombards et vénitiens, lui donnèrent cet admirable caractère demi-oriental, demi-italien, auquel maintenant encore, à travers toutes les modifications ultérieures, elle doit son incomparable séduction. Quant au palais des doges, il subit également d'importantes transformations au début et surtout vers la fin du XIIe siècle, où il fut considérablement agrandi par le doge Sebastiano Ziani, qui gouverna la république de 1172 à 1178.

Après sa défaite à Legnano par la ligue lombarde en 1176, Frédéric Barberousse, craignant de voir sa situation compromise, non seulement en Italie, mais encore en Allemagne même, se résigna à offrir la paix au pape Alexandre III. Tout en penchant pour ce dernier, Venise avait su conserver des relations correctes avec le gouvernement impérial; son rôle de médiatrice était donc tout indiqué, et l'on n'eut pas trop de peine à s'entendre pour la choisir comme siège des pourparlers. Ceux-ci commencèrent au mois de mai 1177, en présence du Pape; quant à l'Empereur, il se trouvait alors à Ravenne, et il ne se décida qu'au mois de juillet à venir à Chioggia. De là, il se rendit le 23 du même mois par la lagune à S. Niccolò di Lido, et le lendemain eut lieu son entrée solennelle à Venise. Le doge et une suite nombreuse l'accompagnaient; quant à Alexandre III, il l'attendait, entouré de ses cardinaux et de délégués des villes lombardes, sous le porche de Saint-Marc. L'Empereur s'agenouilla devant lui, mais le Pape le releva et lui donna l'accolade.

Le traité de paix fut promulgué quelques jours plus tard; pourtant les formalités qui s'y rattachaient durèrent plusieurs semaines encore. La ville devait offrir alors un spectacle d'une magnificence et d'une animation inouïes, car on estime à environ dix mille le nombre des étrangers qui s'y trouvaient, tant seigneurs allemands avec leurs suites, que dignitaires de la cour pontificale, délégués des communes italiennes, et même envoyés des rois de France et d'Angleterre. Ziani sut habilement profiter des circonstances pour faire conférer de nombreux privilèges à la république, et, si la tradition, qui veut que la cérémonie du mariage symbolique des doges avec la mer ait été instituée à ce moment sous les auspices d'Alexandre III, n'est pas prouvée historiquement, elle caractérise bien l'accroissement du prestige de Venise à partir de cette époque.

Me reportant ensuite à un quart de siècle plus tard, je m'imaginai assister aux événements qui préparèrent la quatrième croisade, ce point culminant de l'histoire de Venise au Moyen Age. Je voyais Villehardouin haranguant, au nom de son maître Thibaut de Champagne, les Vénitiens réunis à Saint-Marc, et se faisant acclamer par eux; puis l'année suivante, l'héroïque vieux doge Henri Dandolo montant en chaire dans la basilique pour offrir, malgré ses quatre-vingt-dix ans, de se mettre à la tête des croisés, et prenant la croix au milieu de son peuple pleurant d'émotion; enfin, le départ de l'imposante flotte composée de 480 vaisseaux, la plus belle, selon Villehardouin, qui soit jamais partie d'aucun port.

Le but de la croisade avait été primitivement l'Égypte, d'où l'on pensait pouvoir atteindre le mieux la puissance musulmane. Mais les rusés Vénitiens, profitant de ce que leurs alliés n'étaient pas à même de payer entièrement la somme convenue pour le transport de leurs troupes, se servirent d'eux pour une expédition contre Byzance, dont le détrônement de l'empereur Isaac l'Ange par son frère Alexis III fournit le prétexte. L'usurpateur fut renversé, et le vieux souverain rétabli dans ses droits; toutefois l'année suivante eurent lieu de nouveaux troubles, à la suite desquels les croisés s'emparèrent une seconde fois de la ville, qu'ils saccagèrent, et prirent définitivement possession du pouvoir. Les provinces de l'empire furent partagées entre eux : Baudouin de Flandre en obtint le quart avec le titre d'empereur, tandis que le reste fut divisé en deux parts égales, l'une pour les Vénitiens, la seconde pour les autres croisés.

C'est Venise qui retira le bénéfice principal de cette extravagante entreprise. Sa situation dans la Méditerranée orientale s'en trouva accrue au point que, dit-on, elle songea même un moment à transférer le siège de son gouvernement à Constantinople, où elle était plus influente que l'Empereur lui-même. Si ce projet a vraiment existé, il faut louer les hommes d'État vénitiens de ne pas y avoir donné suite; car c'est surtout en conservant des attaches indissolubles avec l'Occident que leur patrie pouvait servir utilement d'intermédiaire entre ce dernier et le monde oriental, et remplir ainsi le rôle qui a fait sa grandeur et son originalité.

L'aspect de Venise à la fin du Moyen Age et au début de la Renaissance se ressentait à la fois de ses rapports étroits avec l'Orient et de ses relations de plus en plus suivies avec les pays d'Occident. Depuis l'époque des croisades, les coutumes byzantines, dominantes jusque-là chez les habitants de la lagune, avaient peu à peu cédé le pas aux mœurs et aux usages de la chevalerie, et d'autre part le contact fréquent avec la civilisation arabe se faisait remarquer dans bien des détails de la vie vénitienne. Il est naturel que cet état de choses ait trouvé son expression dans l'art de ce temps, spéciale- ment dans l'exquise architecture demi-gothique, demi-mauresque des palais bâtis alors. C'est encore la place Saint-Marc, telle qu'elle est représentée dans le tableau de Gentile Bellini, qui nous offre le plus bel exemple de cette trans- formation, surtout dans l'admirable façade du palais des doges, reconstruite au XIVe et au début du XVe siècle. .

Et, pendant que je me rapprochais de plus en plus de la Piazzetta, la vue plus nette de ses détails fit s'évanouir peu à peu les visions du Moyen Age qui avaient rempli jusque-là mon imagination. Le palais des doges, avec ses co- lonnes aux chapiteaux richement sculptés, avec les merveilleuses arcades en ogives de sa loggia, et avec les fines crénelures de son faîte se des- sinant sur le ciel sillonné d'éclairs, m'apparut alors comme un magnifique symbole artistique de Venise à son apogée, réunissant, dans un ensemble harmonieux, la beauté classique de l'antiquité et l'attrait mystérieux de Byzance, les mirages fantastiques de l'Orient arabe et les rêves vaporeux des peuples du Nord.

Ravenne, septembre 1912.

Si les dernières années de la république de Venise se sont passées dans l'insouciance et la gaîté, celles de l'Empire romain ont été terribles. La désolation des malheureuses contrées sur lesquelles les barbares se sont rués comme des bêtes féroces a dû être épouvantable, et Ravenne, « la belle taciturne », qui a été plus intimement mêlée que Rome elle-même aux drames de cette sombre époque, semble en avoir conservé pour toujours l'empreinte tragique. Il y a une tristesse pleine de dignité dans le silence de ses rues comme dans l'abandon des monuments de son ancienne splendeur, sur les murs desquels les personnages des vieilles mosaïques vous regardent de leurs grands yeux avec une expression si étrangement sérieuse.

En sortant de S. Vitale, l'admirable basilique byzantine que les quelques fresques dont

on a eu la malencontreuse idée de l'orner au
xviiie siècle n'empêchent pas d'être, selon l'expression de Corrado Ricci, « bella come un
sogno orientale », je me suis longuement arrêté
dans le mausolée de l'impératrice Galla Placidia.
L'aspect que revêt la mort ici n'a rien de lugubre ni d'effrayant; on sent que pour les
hommes de ce temps-là elle ne devait pas être
pire que la vie elle-même, et leur être souvent
plutôt une amie qu'une ennemie. La fille de
Théodose avait sans doute eu plus d'une fois
lieu de l'invoquer pendant son existence tourmentée, car elle ne fut pas plus épargnée par
le malheur que la plupart de ses sujets. Comme
jeune fille, elle fut emmenée en otage lors de la
prise de Rome par Alaric, puis contrainte plus
tard d'épouser le roi visigoth Ataulf. Après l'as-
sassinat de son mari, elle fut traitée de la manière la plus humiliante, et renvoyée ensuite à
Ravenne, où elle devint, contre son gré, la femme
du général Constance, qui mourut toutefois bientôt, après avoir été associé pendant quelques
mois à l'empire. Puis elle se brouilla avec son
frère l'empereur Honorius, et dut se réfugier à
Constantinople jusqu'après la mort de ce dernier. Enfin, lors de l'avènement de son fils Va-
lentinien III, âgé de cinq ans, elle prit la régence,

et continua à régner de fait même après la majorité de ce prince incapable. Malgré ses qualités
réelles de souveraine, elle ne réussit pas à arrêter le démembrement de l'empire, et elle
mourut au moment où se préparait la formidable invasion des Huns, à laquelle les fiançailles
de sa fille Honoria avec Attila servirent de prétexte. Galla Placidia est certainement la personnalité la plus marquante qui ait occupé le
trône impérial de Ravenne au Ve siècle, et c'est
à son nom que se rattachent les principales
œuvres architecturales qui nous sont restées
de cette curieuse époque, telles que les églises
de S. Giovanni Evangelista, de S. Francesco et
de Sa. Agata, qui ont malheureusement beaucoup moins gardé de leur caractère primitif que
son mausolée.

Un tombeau et quelques églises plus ou
moins transformées plus tard, c'est tout ce qui
subsiste aussi comme souvenirs du grand Théodoric. La ruine que l'on a considérée comme
ayant appartenu à son palais date, à ce qu'on
croit maintenant, du VIIe ou du VIIIe siècle;
on peut toutefois se faire quelque idée de ce
somptueux édifice d'après une mosaïque de
S. Apollinare nuovo. Cette basilique n'a peut-
être pas le charme de S. Vitale, où les merveilles

de l'art byzantin étalent toute leur richesse, mais elle a plus d'harmonieuse simplicité dans son architecture, et certaines de ses mosaïques ont un intérêt remarquable grâce aux images qu'elles nous ont conservées de la Ravenne ostrogothique.

Quant au tombeau de Théodoric, situé hors ville, aux abords de la triste campagne ravennate, il est d'un aspect extérieur plus imposant que celui de Galla Placidia; l'intérieur, vide et dépourvu d'ornements, fait toutefois une impression désolée, qu'augmente le fait que, comme en bien des endroits ici, il faut se défendre contre l'envahissement des parties basses de l'édifice par l'eau, le niveau du sol étant inférieur à celui de la mer. La légende veut qu'après la mort de Théodoric un ermite ait eu la vision d'un démon s'emparant de l'âme du roi et la jetant dans le cratère du volcan de Lipari; quant à son corps et même à son sarcophage, ils ont disparu sans qu'on sache quand ni comment. Fait étrange que cette haine implacable du Moyen Age contre celui qui fut non seulement le plus grand, mais aussi le meilleur parmi les souverains barbares de son temps !

Les monuments que l'époque byzantine a laissés ici ne diffèrent pas essentiellement de ceux des deux périodes précédentes; on voit que, dès le début du ve siècle, ce n'est plus Rome mais Constantinople qui donne le ton en matière d'art. Le charme original de Ravenne consiste précisément dans le fait que presque tout ce qui reste de son passé concourt à évoquer le souvenir de ces mystérieux temps de transition entre l'antiquité et le Moyen Age. C'est pourquoi le troisième et le plus illustre tombeau dont elle s'enorgueillit, celui de Dante, ne fait pas l'impression qu'il pourrait produire ailleurs. Il est vrai que le mausolée en lui-même est peu digne du grand poète; mais, avant tout, ce n'est pas là l'endroit qu'on aurait souhaité pour lui. L'auteur de la *Divine Comédie* fait ici l'effet d'un étranger; il reste même après sa mort l'éternel exilé. Comme sa sépulture serait mieux à sa place à Florence, ou dans une de ces villes de la Toscane, qui, comme S. Gimignano, ont l'air d'être encore telles qu'il les a vues! Ravenne n'a joué un rôle important dans son existence qu'accidentellement; elle a gardé son corps, mais son âme est ailleurs, sous le ciel plus pur et plus léger des bords de l'Arno.

Dès le xive siècle, les Florentins avaient essayé de ravoir les cendres de leur grand poète; plus tard, Laurent le Magnifique fit également des tentatives dans ce sens, et, une quarantaine d'années après lui, son fils, le pape Léon X, reprit ce projet, à la suite d'une pétition que l'Académie de Florence lui avait adressée à ce propos. Parmi les signataires de cette pétition figurait Michel-Ange, qui offrit d'élever au «poète divin » un monument digne de lui, dans un endroit approprié de sa ville natale. Combien il est regrettable que cette offre n'ait pas été acceptée! L'admiration passionnée du grand artiste pour l'auteur de la *Divine Comédie*, qu'il connaissait à fond, lui aurait certainement inspiré le chef-d'œuvre unique, capable à la fois de manifester dans toute sa puissance son génie de sculpteur, et d'honorer comme il convenait l'incomparable poète.

Bologne, octobre 1912.

Parmi les grandes villes de l'Italie du Nord, Bologne m'a toujours paru celle qui reflète le mieux l'âme italienne moderne. On y sent moins qu'à Milan ou qu'à Turin l'influence de la grande industrie, qui tend à effacer le caractère particulier des endroits où elle domine, et l'on y coudoie moins qu'à Florence ou qu'à Venise la foule cosmopolite avec son envahissante banalité.

Ce n'est pas un effet du simple hasard que le plus grand poète de la génération qui a vu s'accomplir le risorgimento, et qui a été appelée à recueillir les premiers fruits de cette belle renaissance politique, ait vécu précisément ici, dans le milieu le mieux approprié peut-être à sa muse si franchement nationale. De même que Victor Hugo, à qui on l'a souvent comparé, est le poète de l'épopée napoléonienne, Carducci est celui de l'unification de l'Italie. Ses vers, qui ont toute la passion de cette fougueuse époque, forment comme une riche et magnifique guirlande tressée pour la glorification de sa patrie. Ils l'embrassent tout entière et dans tous les moments de son histoire; la période du passé qui parle toutefois le plus à on imagination est celle où Rome puissante, et libre était la maîtresse du monde, et où la beauté antique resplendissait souveraine sur une terre si bien faite pour elle. C'est une Italie digne de ces brillantes traditions qu'il voit renaître après des siècles d'asservissement, et il en salue avec enthousiasme l'avènement.

Pour bien comprendre l'influence exercée par Carducci sur ses contemporains, il ne suffit toutefois pas de considérer la partie poétique de son œuvre; il faut tenir compte aussi de ses importants travaux d'histoire et de critique littéraires, et surtout de son activité comme professeur. Ardent et convaincu, il possédait à un haut degré les qualités requises pour entraîner la jeunesse, et le prestige dont il sut environner la chaire qu'il occupait à Bologne put rappeler à l'antique université les temps, évoqués dans un de ses poèmes, où le jurisconsulte Irnérius

« curvo tra i gran volumi sedeva, e di Roma la grande lento parlava al palvesato (1) popolo. »

Au Moyen Age, il est vrai, la vieille école différait de ce qu'elle est actuellement en ce qu'elle présentait un caractère franchement cosmopolite. Grâce aux facilités que créait à ce point de vue l'usage universel de la langue latine pour l'étude des sciences, on accourait de l'Europe entière pour suivre les leçons d'Irnérius et de ses successeurs; ainsi pour notre Alsace seule on a pu trouver par exemple une trentaine de noms d'élèves inscrits dans les registres de l'université pendant les dix ou douze dernières années du XIIIᵉ siècle. S'il faut en croire les vieux conteurs, on menait alors joyeuse vie à Bologne, et, d'après Dante, qui relègue un grand nombre de ses habitants dans le cercle de l'enfer destiné à punir les séducteurs et les ruffians, les mœurs y étaient très relâchées. Cela n'a rien d'étonnant du reste quand on songe à ce qu'étaient, un peu partout à cette époque-là, certains de ces étudiants : des bohêmes de la pire espèce, voire même de véritables malan-

____

(1) palvesato = armé du pavois.

drins, qui étaient le plus souvent loin de pouvoir, comme plus tard leur confrère parisien
François Villon, racheter leurs fautes par le
talent et par des élans de vraie et sincère poésie.

A l'heure qu'il est, ce n'est plus la « grasse »
Bologne dans le sens qu'on attribuait autrefois à
ce mot; l'impression actuelle est celle d'une
ville opulente mais distinguée, et empreinte,
comme on dit, d'un cachet italien bien prononcé.
Les rues y sont très animées, et la vie y semble
très active, surtout au point de vue intel-
lectuel. Si j'avais vingt ans et si j'étais Italien,
c'est peut-être ici que je voudrais faire mes
études, dans la vieille cité universitaire rajeu-
nie, mais non trop modernisée, entre la Toscane
et la Vénétie, et tout près du calme de Ravenne
et de Ferrare.

J'ai passé hier une délicieuse journée dans
cette dernière ville. Quel contraste avec la vive
et parfois trop bruyante Bologne! Les larges
rues silencieuses, bordées de vieux palais et de
pittoresques jardins entourés de murs, semblent ne plus avoir d'autre destination que de
perpétuer le souvenir du temps où la cour des
princes de la maison d'Este comptait parmi les
plus brillantes et les plus cultivées d'Europe.
Peu de villes italiennes ont mieux gardé la phy-

sionomie qu'elles avaient au déclin de la Renaissance, et, par moments, on pourrait se croire transporté dans un vaste château de la Belle-aux-Bois-dormant que le sommeil aurait envahi à la fin du xvie siècle, après la mort du duc Alphonse II.

Le règne de ce dernier marque l'apogée de la splendeur de Ferrare, telle qu'elle se reflète, plus ou moins idéalisée, dans le « Torquato Tasso » de Goethe. Quelques années après le moment où ce drame est censé se passer, Montaigne s'arrêtait à Ferrare ; il alla voir l'infortuné auteur de la *Jérusalem délivrée* dans sa cellule de l'hôpital Sainte-Anne, que l'on montre encore aujourd'hui, et il a rendu compte dans les *Essais* des réflexions que l'aspect du malheureux névrosé lui a suggérées. Dans son journal de voyage il ne dit pas un mot de cette visite ; il relate par contre une audience que le duc lui accorda, et il parle aussi en passant de l'Arioste, dont il alla voir le tombeau, alors à l'église S. Benedetto.

Non loin de cette dernière, dans une rue écartée qui portait anciennement le joli nom de « Via Mirasole », se trouve la petite maison que l'auteur du *Roland furieux* s'était fait construire pour y passer en paix les dernières années de sa vie. Il n'y reste plus grand'chose en fait d'objets lui ayant appartenu; mais on visite les chambres qu'il a habitées, celle où il est mort, et le joli jardinet situé derrière la maison. Tout cela a l'air de n'avoir guère changé depuis bientôt quatre siècles; et dans le jardinet surtout, d'un cachet si antique avec ses murs et son vieux puits, on croit à chaque instant retrouver les traces de l'ancien propriétaire. « Parva, sed apta mihi », dit l'inscription que l'Arioste avait fait mettre lui-même; et, en effet, ce qui frappe tout d'abord, c'est l'exiguïté et la simplicité qui règnent partout, bien en rapport avec le caractère modeste et dépourvu d'ambition de celui qui fut le plus grand poète de la Renaissance italienne. Issu d'une famille plutôt pauvre, il eut à lutter jusque vers la fin de sa vie avec les petites misères de l'existence, contraint malgré lui de s'appliquer, au service du cardinal Hippolyte d'Este, à des besognes qui ne lui convenaient généralement guère. Bien qu'il semble avoir beaucoup souffert de cette sujétion et de cette

> Strettezza
> Del viver, che i pensier'non lascia ir vaghi (1),

---

(1) « Étroitesse de l'existence, qui ne laisse pas les pensées aller à l'aventure » (*Orlando furioso*, C. XLIII, 81).

il sut pourtant conserver son idéal intact; n'ac-
cordant aux circonstances extérieures pas plus
d'attention qu'elles n'en méritaient, il trouvait
en lui-même de quoi s'en dédommager. Constamment en imagination avec les personnages
dont il a peuplé son poème, il rêva sa vie plus
qu'il ne la vécut, et c'est ce qui fit son bonheur.
Ce qu'il avait souhaité le plus ardemment pendant toute sa carrière de courtisan, c'était le
calme lui permettant de se livrer en toute tranquillité à son travail; mais il ne put trouver le
repos et l'indépendance qu'au moment où sa
tâche littéraire était déjà achevée. La petite
maison de la Via Mirasole, avec son jardin qu'il
aimait à cultiver lui-même, prouve toutefois
qu'alors encore le poète sut bien jouir, dans une
vie conforme à la simplicité de ses goûts, de la
paix de ses dernières années.

Florence, octobre 1912.

Chaque fois que j'arrive ici, et qu'en sortant
de la gare je passe devant Sa. Maria Novella,
le souvenir de l'introduction du *Décaméron* se
présente involontairement à mon esprit. C'est
dans cette « vénérable église », comme il l'ap-
pelle, que Boccace fait se rencontrer, un matin
de printemps de l'année 1348, les sept jeunes
filles et les trois jeunes gens qui, pour oublier
les horreurs de la peste sévissant alors à Florence, décidèrent de se retirer à la campagne,
afin d'y passer leur temps le plus agréablement
possible avec des jeux, de la musique, et le récit
des contes qui composent le livre.

La description que l'auteur donne de la formidable épidémie, la plus violente peut-être
que l'histoire ait jamais enregistrée, est justement célèbre, non seulement au point de vue

littéraire, mais aussi pour la précision des renseignements fournis tant sur la maladie elle-
même que sur les circonstances qui l'accompa-
gnèrent. Il est particulièrement intéressant d'y
étudier l'état des esprits à ce terrible moment,
qui vit Florence perdre en quelques mois une
centaine de mille de ses habitants, et la population de toute l'Europe diminuer en peu
d'années de plus d'un tiers. A cette époque, où
l'hygiène et la médecine étaient encore dans
l'enfance, il ne pouvait être question d'une lutte
rationnelle contre un pareil fléau; et le mal faisait de tels ravages que les autorités chargées
de veiller à la santé et à la sécurité publiques
étaient elles-mêmes décimées. A part quelques
rares exemples d'un dévouement trop souvent
inutile, les malades étaient d'habitude ou bien
abandonnés à eux-mêmes, ou bien en proie à des
mercenaires avides qui bravaient le danger pour
exploiter ceux qu'ils étaient censés soigner; le
plus souvent d'ailleurs la mort se produisait
d'une manière extrêmement rapide, au bout de
quelques heures à peine, ou bien les malheureux
pestiférés perdaient connaissance peu de temps
après avoir été atteints.

Le sentiment général était donc celui d'une
impuissance complète en face de ce que l'on

considérait comme une manifestation de la colère divine, et la plupart des survivants qui n'étaient pas affolés par la peur ne se préoccupaient que de jouir le mieux possible du peu de temps qu'ils pensaient avoir encore à vivre, l'opinion commune étant aussi que la tristesse ou la crainte prédisposaient à l'infection. Selon la diversité des caractères, les uns s'amusaient bruyamment à courir les tavernes, à chanter à tue-tête par les rues, et à afficher un air de prendre tout en riant; tandis que d'autres, mieux avisés ou de goûts moins grossiers, se renfermaient chez eux, ne voyant que leurs amis, et, ne laissant entrer aucune nouvelle du dehors, tâchaient de garder leur bonne humeur en se distrayant de leur mieux sans faire d'excès d'aucune sorte.

C'est d'une manière semblable qu'en usèrent les jeunes gens et les jeunes filles du *Décaméron.* A deux milles de Florence, sur une colline qu'on pense être celle de Fiesole, ils se retirèrent, accompagnés de leurs domestiques, dans un palais avec d'avenantes « loggie », des salles ornées de peintures, une belle et grande cour, et, tout autour, des prairies et de magnifiques jardins. Les matinées se passaient à se promener en causant, en chantant et en cueillant des fleurs;

puis on faisait de la musique, l'une des jeunes
filles jouant de la viole et l'un des jeunes gens
du luth, et l'on dansait la « carola », ronde aux
mouvements lents et gracieux. Enfin, après la
sieste qui suivait régulièrement les repas de
midi, on se réunissait dans un pré ombragé, et
l'on racontait à tour de rôle des histoires; puis
on terminait la soirée en disant des vers, en faisant de la musique et en dansant.

Après quelques jours, de crainte qu'en entendant parler de leur genre de vie d'autres
personnes n'aient l'idée de venir se joindre à
eux, ils décidèrent d'aller s'établir dans un
autre château, peu distant du premier, et situé
également sur une petite colline, d'où l'on pouvait apercevoir Fiesole. Le récit de la promenade faite pour s'y rendre, un dimanche matin,
au chant des rossignols, et par un chemin peu
fréquenté, couvert d'herbe et de fleurs qui
commençaient à s'ouvrir au soleil levant, est
ravissant; l'arrivée au château, le premier
repas dans la loggia qui dominait la cour vaste
et gaie, puis la visite du parc, avec ses ber-
ceaux couverts de vigne en pleine floraison,
ses allées bordées de rosiers et de jasmins, ses
chevreuils et ses cerfs qui y couraient en liberté,
sans crainte des hommes, tout cela est de

même décrit avec un charme incomparable. Les réunions du soir, consacrées à dire des contes, se tinrent alors sur une pelouse entourée de cèdres et d'orangers, et au milieu de laquelle se trouvait une belle fontaine de marbre blanc ornée de sculptures et surmontée d'une statue. Pendant la journée, on se rendait parfois aussi dans un vallon voisin, où une rivière, descendant en cascade de la montagne, formait un petit lac, et où, par le temps déjà chaud, la fraîcheur était exquise. On se laissa vivre ainsi pendant une quinzaine de jours en tout, si bien que, selon l'expression de Boccace, quiconque aurait vu la gaie société n'eût pu s'empêcher de dire : « O costor non saranno dalla morte vinti, o ella gli ucciderà lieti (1). » Puis, ayant fait provision de courage et de bonne humeur, on retourna à Florence; et à Sa. Maria Novella, d'où l'on était parti, les jeunes gens prirent congé des jeunes filles, qui rentrèrent chez elles.

Le tableau de cette vie idyllique menée à peu de distance de la ville désolée par la peste produit un effet de contraste saisissant. « Il

---

(1) Ou ceux-ci ne seront pas vaincus par la mort, ou elle les tuera joyeux.

cielo, ancora che crucciato ne sia, non perciò le sue bellezze eterne ne nega (1) », avait dit Pampinea, l'aînée des jeunes filles, lors de la première réunion à Sa. Maria Novella, avant le départ pour la campagne; et il y a dans ces mots un sens profond de philosophie pratique. Malgré tous les malheurs et toutes les laideurs qui peuvent accabler cette terre, il y reste toujours assez de beauté pour celui qui veut et sait la chercher; et lorsque cette beauté ne se rencontre pas dans les choses extérieures, nous pouvons tout au moins la trouver au fond de nous-mêmes. Les jardins et les palais des environs de Florence ne sont pas toujours à notre portée; mais il nous est loisible de nous y réfugier en imagination, là et partout ailleurs, dans n'importe quel pays ou dans n'importe quelle époque de l'histoire capables de nous faire oublier les soucis du moment. C'est en somme là le secret du bonheur de l'enfant, qui sait, beaucoup mieux que l'adulte, se créer son monde idéal à lui, et y vivre en imagination aussi heureux que s'il le possédait réellement.

Non loin de la villa Palmieri, où la tradi-

____

(1) Le ciel, bien qu'il soit courroucé, ne nous refuse pas pour cela ses beautés éternelles.

tion fait se passer les premières journées du *Décaméron*, se trouve l'antique Badia di Fiesole, où, de même que dans ses villas de Careggi et de Poggio a Caiano, Laurent le Magnifique aimait à venir se reposer du souci des affaires en causant de littérature et de philosophie avec ses amis de l'Académie platonicienne. Abstraction faite de la nature des sujets dont on s'y entretenait, ces réunions rappelaient sous bien des rapports celles imaginées par Boccace. Comme dans ces dernières, une petite société choisie vient se retirer dans un des sites enchanteurs des environs de Florence, pour se retremper dans le calme de la campagne et dans le laisser-aller d'une existence libre et insouciante; le culte de la poésie et de la musique, et les charmes de la conversation, plus sérieuse et d'un caractère plus élevé chez Laurent et ses amis, plus frivole, voire licencieuse, mais toujours spirituelle, chez les jeunes gens de Boccace, forment, avec la séduction de paysages où les merveilles de l'art s'adaptent si bien aux splendeurs naturelles, les principaux éléments de la vie en beauté recherchée par les uns et les autres.

Cristoforo Landino nous a laissé la relation de quelques journées passées ainsi pendant l'été 1468 par Laurent et Julien de Médicis et quelques-uns de leurs amis au couvent des Camaldules dans le Casentin. Le matin, après l'accomplissement des devoirs religieux (que les gais conteurs du *Décaméron* eux-mêmes se gardaient de négliger), on se promenait dans la montagne et dans les forêts environnantes; l'après-midi, quand la chaleur devenait plus forte, on s'installait à l'ombre d'un arbre, près d'un ruisseau, et l'on discutait des questions d'ordre philosophique, telles que le problème du bonheur et celui du but de l'existence, ou l'on causait de littérature à propos de Virgile et de l'*Énéide*.

Le membre de la petite société qui, par son âge et par l'ascendant de son génie, jouissait du plus grand prestige auprès de ses compagnons, était le fameux Leon-Battista Alberti. Écrivain et philosophe, savant ayant approfondi toutes les sciences de son temps, musicien, peintre, sculpteur et surtout architecte de premier ordre, doué avec cela d'une vigueur et d'une adresse physiques extraordinaires, il était, selon Burckhardt, qui le compare à Léonard de Vinci, un des types les plus accomplis de l'homme universel de la Renaissance italienne. Toute sa carrière avait été celle d'un travailleur infatigable, ne cessant de perfectionner ses brillantes facultés et d'étendre ses connaissances, non par ambition, car il était modeste et désintéressé, mais par soif de savoir et par besoin de progrès continuel. Aussi n'est-on pas trop étonné, malgré le bel exemple de « vie intense » qu'il a laissé, de le voir se faire, dans la discussion sur le but de l'existence, l'apologiste convaincu de la vie contemplative, bien supérieure à son gré à la vie active, et seule capable de mener à la perfection.

Cette manière de voir n'est d'ailleurs pas exceptionnelle chez les lettrés et les artistes italiens de ce temps, et ce fait, qui peut paraître singulier à une époque en apparence aussi débordante de vie, s'explique au fond très naturellement. Lors de la Renaissance, l'Italie, morcelée en une foule de petits États, déchirée par des luttes intestines continuelles, dont les nombreux tyrans et tyranneaux qui se partageaient le pays se servaient pour mieux asseoir leur domination, offrait, sous des dehors brillants, un spectacle en réalité plutôt attristant pour ceux qui avaient l'amour de leur patrie. Même à Florence, le gouvernement généralement sage et modéré de Côme l'Ancien et de ses successeurs ne pouvait faire oublier aux citoyens qu'ils avaient dû sacrifier leurs anciennes libertés à l'ambition d'une famille. La grande majorité s'en consolait, il est vrai, assez facilement grâce à la prospérité matérielle qui régnait alors, et à l'éclat des arts et des lettres dont les Médicis avaient su s'environner. Quant aux autres, peu songeaient à des tentatives, condamnées d'avance à l'insuccès, de rétablir l'ancien ordre de choses; la plupart se disaient que de renverser un potentat ne servirait sans doute qu'à préparer le terrain pour un autre, condottiere quelconque qui serait peut-être loin d'avoir les qualités de ses prédécesseurs. Et ce qu'on se disait à Florence, on pouvait tout aussi bien se le dire partout ailleurs où il y avait des princes soucieux de masquer leur despotisme par leur libéralité et leur amour des arts. C'est pourquoi ceux qui, tout en dédaignant de se faire les serviteurs complaisants des puissants du jour, ne jugeaient pas utile de leur faire opposition, préféraient se tenir à l'écart des affaires publiques, et sauvegarder, dans une vie retirée et consacrée au culte des lettres et des arts, tout au moins leur liberté intérieure.

D'autre part on ne peut nier que, même chez ces hommes imprégnés de culture antique, une certaine influence du mysticisme monacal du Moyen Age ne se soit fait sentir, et cela d'autant plus naturellement que les idées platoniciennes en faveur auprès d'eux se conciliaient aisément sous ce rapport avec les tendances chrétiennes. Pendant qu'il travaillait aux plans de la façade de Sa. Maria Novella, Alberti dut certainement plus d'une fois, en visitant l'église, s'arrêter devant la délicieuse fresque de la chapelle Strozzi où Andrea Orcagna a représenté le Paradis. Une paix vraiment céleste s'y reflète sur les visages et dans les attitudes des élus; on sent qu'ils sont parvenus à la béatitude absolue, définitive où aucun désir ni aucune émotion ne peuvent plus les troubler, et où la félicité suprême réside dans le fait seul d'*exister*, en présence de la splendeur divine dont il est impossible de se rassasier jamais. C'est la vie contemplative à son degré le plus élevé, telle que les ascètes du Moyen Age devaient l'entrevoir dans leurs visions, et qui formait l'idéal de ces époques de foi ardente; et l'on ne peut guère admettre que les hommes de la Renaissance aient été peu accessibles à ce qui avait formé le rêve de tant de générations avant eux.

Mais nous voilà, comme les conteurs du

Décaméron, revenus à Sa. Maria Novella, d'où nous étions partis ; tu me permettras donc de faire comme eux, et de prendre congé ici, malgré le plaisir que j'aurais à continuer encore à causer de Florence avec toi ce soir.

Pise, octobre 1912.

Pise, Ravenne, Bruges... les trois villes déchues, délaissées par la mer qui avait été jadis la principale cause de leur splendeur, se ressemblent par leurs destinées et par la poésie qui se dégage des vestiges de leur passé. Chacune d'elles a toutefois son originalité bien tranchée, qui lui donne au fond un caractère très différent de celui des deux autres. La fière Pise s'éloigne autant de la mystérieuse Ravenne que de la douce et résignée Bruges, dont l'existence actuelle, en apparence toujours la même, semble comme la tranquille et modeste vieillesse de celle plus brillante qu'elle menait au Moyen Age et au début de la Renaissance.

Les principaux monuments de la gloire pisane sont restés en dehors de la vie moderne de la cité, dont le calme respecte pourtant leur solitude, et se trouvent réunis sur une place écartée près des vieux remparts. Le plus ancien d'entre eux, le Dôme, est le magnifique témoin de l'apogée de Pise. Commencé en 1063, après la victoire de Palerme sur les Arabes, il fut consacré solennellement par le pape Gélase II en 1118, quatre ans après la prise des Baléares, où la mobilisation de 45.000 soldats et de 300 vaisseaux montra à quel degré de puissance la ville était parvenue alors. Favorisé par le prestige des succès militaires remportés, le commerce, notamment avec l'Orient, se développa rapidement, et les richesses affluèrent avec lui. Au Dôme vinrent s'ajouter coup sur coup, dans la seconde moitié du XII⁰ siècle, le Baptistère et le Campanile. Au siècle suivant, Nicolas et Jean de Pise inaugurèrent la renaissance de la sculpture italienne et ornèrent de chefs-d'œuvre dignes d'eux les beaux monuments élevés par les architectes des générations précédentes. Cette opulence, et l'orgueil qui en fut la suite inévitable, ne tardèrent pas à exciter l'envie des cités voisines, notamment de Gênes et de Florence. Pise se défendit vaillamment dans les combats qui s'ensuivirent, mais elle finit par être définitivement écrasée par les Génois à la bataille navale de l'île de Meloria en 1284.

Quelques années auparavant, en 1270, avait

été commencé le dernier des grands monuments qui sont venus se grouper autour du Dôme, le Campo Santo. On dirait que, en construisant ce plus beau cimetière du monde, l'ancienne maîtresse de la mer Tyrrhénienne ait eu le pressentiment de sa chute prochaine. Voyant sa puissance brisée, la vieille Pise se retire là comme dans un cloître, dont les murs l'isolent du monde extérieur, et elle y vit de ses souvenirs, avec ses morts ensevelis dans la terre sainte rapportée de Palestine au siècle précédent, au temps de sa gloire. Sa grande préoccupation semble être désormais d'orner son Campo Santo des œuvres d'art qui l'embellissent encore maintenant. Parmi les gracieuses fresques de Benozzo Gozzoli elle peut se livrer aux souvenirs riants de ses beaux jours ; dans certaines de celles de Spinello Aretino et des peintres qui ont illustré la vie de S. Raniéri elle peut voir des allusions à ses combats contre les infidèles et à ses entreprises sur mer, tandis que l'histoire de Job, par Francesco da Volterra, est en quelque sorte l'image de son propre sort.

D'une manière plus dramatique encore que cette dernière, le Triomphe de la Mort devait lui rappeler l'inconstance des choses humaines. Cette fresque célèbre, que les uns attribuent à Andrea Orcagna ou à son élève Francesco Traini, d'autres au Siennois Pietro Lorenzetti, a été évidemment conçue sous l'impression des ravages causés par la peste de 1348. La Mort, sous la forme d'une Furie ailée, vole en brandissant sa faux au-dessus d'un monceau de victimes de tout rang et de tout âge qu'elle vient de faire, et dont les âmes sont enlevées dans les airs par des anges ou par des démons. Se détournant de quelques infirmes qui l'implorent en vain, elle s'apprête à faucher un groupe de jeunes gens et de jeunes filles tranquillement assis dans un pré ombragé à écouter deux d'entre eux jouant, l'un de la viole, l'autre d'une espèce de harpe : scène gracieuse connue sous le nom de la « Conversazione », et qui a tout le charme des descriptions du Décaméron. Dans la moitié opposée de la peinture, on voit des ermites vaquant paisiblement à leurs occupations près d'une chapelle située sur une hauteur, tandis que, sous leurs yeux, une cavalcade de seigneurs et de dames s'arrête épouvantée au pied de la colline, devant trois cercueils ouverts, dans lesquels se trouvent les cadavres de trois rois, en partie encore revêtus des insignes de leur dignité.

Il est certain que le but de cette macabre composition a été avant tout d'effrayer et d'amener les pécheurs rénitents à se convertir. Pourtant certains détails, comme précisément la manière dont est traitée la scène de la « Conversazione », montrent que le peintre ne s'identifie pas entièrement avec cette conception pessimiste, et qu'en contemporain de Pétrarque et de Boccace il sait se rapprocher autant de la sereine impassibilité de la Renaissance que des idées désolantes du Moyen Age sur la vie terrestre. C'est pour cela que l'effet terrifiant du sujet principal est contrebalancé par l'impression apaisante qui se dégage des deux épisodes des ermites et de la « Conversazione ».

Ce que j'ai vu surtout dans le Triomphe de la Mort, c'est qu'il y a moyen de vivre heureux et tranquille jusque sous la menace immédiate de la faux à laquelle personne n'échappe. Les conteurs du Décaméron, dont je t'entretenais l'autre jour, sont un exemple d'une des manières d'y arriver. Une autre, plus sûre, nous est enseignée par les ermites de la fresque du Campo Santo : c'est de se familiariser avec l'idée de la mort, en s'habituant à la regarder en face, et de réduire la valeur de la vie à ses justes proportions, non pas en la méprisant, car elle peut être bonne en elle-même, mais en renonçant à chercher en dehors de nous la source de notre bonheur, en suivant sans nous en laisser détourner la voie que nous avons reconnue être la nôtre, en ne gaspillant pas notre existence à la poursuite d'ambitions ou de plaisirs qui finissent par nous asservir et nous priver de la pleine possession de nous-mêmes qui forme la condition indispensable de toute vraie félicité. Conçue de cette manière, la vie est pour ainsi dire tous les jours à son apogée; on ne se consume plus dans l'espoir décevant d'un lendemain meilleur qui ne vient jamais, et dont l'attente vous attache pourtant à l'existence, mais on est prêt à quitter celle-ci sans regret, dans la conviction qu'elle a donné ce qu'elle avait de meilleur à offrir, et que, s'il est possible d'éprouver un bonheur plus parfait, ce n'est pas dans ce monde qu'on peut le trouver.

San Gimignano, octobre 1912.

Il est dans l'histoire de certaines villes, comme dans la vie de certains hommes, des moments typiques dont le souvenir est en quelque sorte indissolublement lié à l'idée qu'on se fait d'elles. Ces moments peuvent être aussi bien de ceux qui ont exercé une influence décisive sur leurs destinées, que des événements simplement fortuits; dans ce dernier cas, ils ont alors été de nature à mettre en relief d'une manière particulièrement saillante le caractère distinctif que nous reconnaissons aux individus ou aux endroits en question.

Pour S. Gimignano, un instant pareil me semble avoir été celui où, le 7 mai 1299, Dante Alighieri y fut reçu en audience solennelle par les citoyens qu'il était chargé d'inviter, au nom de la république de Florence, à prendre part à une réunion projetée de la ligue guelfe toscane. Telle que l'auteur de la *Divine Co-médie* a vu alors la petite ville, telle elle est restée dans son ensemble jusqu'à nos jours, comme si elle avait voulu rendre par là un hommage à la mémoire du grand poète.

A mon arrivée ici hier dans la soirée, il faisait déjà trop sombre pour que j'aie pu songer à faire autre chose que me promener par les vieilles rues étroites, dont aucune construction moderne ne vient gâter le caractère médiéval, et que jouir de la vue pittoresque qu'on a sur la « città dalle belle torri » et sur ses environs depuis le « poggio » et les anciens remparts. Le temps gris qu'il faisait donnait à tout cela un air farouche bien en rapport avec les souvenirs tragiques que rappelle l'histoire de cette ville, ensanglantée, comme tant d'autres au Moyen Age, par les querelles journalières de familles nobles rivales.

Cette impression sinistre s'est encore accentuée lorsque, en rencontrant des soldats et en exprimant ma surprise de voir une garnison ici, j'ai appris qu'il s'agissait d'une compagnie chargée de surveiller un certain nombre de forçats dangereux du bagne de Messine, épargnés comme par miracle par le tremblement de terre, et transférés de là au pénitencier de

S. Gimignano. Le souvenir encore récent de cette catastrophe, évoqué dans des circonstances pareilles et d'une manière aussi inattendue, me frappa vivement. J'étais venu dans cette petite ville perdue de Toscane pour vivre quelques moments en pensées dans le siècle de Dante, et voilà que la réalité me rappelait brusquement des événements contemporains dignes des scènes les plus terribles issues de la fantastique imagination du poète!

Rentré à l'hôtel, ancien palais où j'étais le seul étranger, je passai la soirée dans ma chambre, à feuilleter la *Divine Comédie*. A travers les sombres tableaux de l'Enfer, il me semblait voir les horreurs du désastre de Messine, et la malheureuse ville détruite, enveloppée de l'épaisse obscurité de la nuit fatale, et retentissant du gémissement des victimes, me paraissait comme un cercle nouveau ajouté à ceux imaginés par Dante; et les réprouvés, qui, plus heureux que beaucoup d'innocents, en avaient été quittes pour d'affreux moments d'angoisses, se trouvaient maintenant tout près de moi, dans ce S. Gimignano qui m'avait accueilli avec un air si farouche!

Puis, m'échappant peu à peu à ces lugubres

images, et suivant le poète à travers les scènes moins tragiques du Purgatoire, je finis par arriver à ce merveilleux 28e chant, dont aucun peintre ne pourra jamais rendre toute la suavité printanière. Et tout d'un coup, comme Dante, je n'ai plus songé aux damnés; j'ai vu devant moi la belle forêt sonore qui lui rappelait la pineta de Ravenne, et, au delà du limpide ruisseau, la gracieuse Matelda chantant et cueillant des fleurs...

> E là m'apparve, sì come egli appare
> Subitamente cosa che disvia
> Per maraviglia tutt'altro pensare,
>
> Una donna soletta, che si già
> Cantando ed iscegliendo fior da fiore
> Ond'era pinta tutta la sua via (1).

Ce matin, je me suis réveillé par le plus beau soleil du monde. Sur la place devant l'hôtel, des enfants jouaient autour du vieux puits, et plus rien ne rappelait l'air farouche et menaçant que j'avais trouvé hier soir aux

---

(1) Et là m'apparut, comme apparaît subitement quelque chose qui par miracle écarte toute autre pensée, une femme seule qui s'en allait chantant et cueillant les fleurs dont tout son chemin était émaillé.

façades muettes des maisons. Si l'Italie peut être le pays du drame, il semble que la tristesse durable n'ait pas de place sous son ciel radieux.

En sortant, je me rendis d'abord au Palazzo del Popolo, où, dans la salle du conseil encore ornée de fresques de l'époque, une inscription rappelle l'ambassade de Dante. Dans la Collégiale, située tout près de là, Savonarole a prêché en 1484-85. Je n'ai pu m'empêcher, en pénétrant dans cette église, de songer tout d'abord au fanatique dominicain, dont l'ardente nature devait se sentir à l'aise dans la rude petite ville toscane. Étrange physionomie que celle de ce Rienzi en froc ! A première vue, son portrait par Fra Bartolommeo fait dans son ensemble une impression de fougueuse énergie ; mais, en regardant de plus près, on est frappé par un certain manque de fermeté qui se traduit dans l'expression de la bouche et dans l'inquiétude du regard. Au fond, c'était un rêveur, un passionné, et non vraiment un homme d'action ; il avait l'éloquence et l'enthousiasme voulus pour entraîner les foules, mais pas la tranquille assurance qu'il fallait pour les maintenir sous sa domination. Des hommes comme lui sont capables de faire des révolutions, mais non pas d'organiser un nouvel état de choses sur des bases suffisamment stables; ils se laissent égarer par leur imagination, et, en perdant de vue ce qu'il est pratiquement possible d'obtenir, ils échouent en dépassant le but à atteindre.

Par un curieux contraste, le peintre qui devait nous laisser l'image la plus fidèle de la société florentine au temps de Laurent le Magnifique, telle qu'elle fut combattue plus tard par le moine de Saint-Marc, Domenico del Ghirlandaio, exécutait vers la même époque, dans cette même Collégiale, quelques-unes de ses meilleures œuvres de jeunesse. C'est d'abord son Annonciation, dont l'ange rappelle d'une manière si frappante celui du tableau de même sujet, attribué à Léonard de Vinci, au Musée des Offices. Puis surtout les deux fresques de la chapelle de Santa Fina : l'apparition de saint Grégoire à la jeune patronne de S. Gimignano, composition touchante de simplicité, et les funérailles de la sainte, où les personnages aussi bien que le paysage, avec les vieilles tours dans le fond, évoquent d'une manière si vivante le milieu dans lequel travaillait le peintre.

Quelque temps auparavant avait été exécutée l'œuvre la plus importante que la ville possède sous le rapport artistique : le cycle des dix-sept fresques consacrées par Benozzo Gozzoli, dans l'église de S. Agostino, à illustrer la vie de l'évêque d'Hippone. Ces ravissantes peintures ont été exécutées immédiatement avant celles du Campo Santo de Pise; elles ont la même fraîcheur d'inspiration, et exercent la même séduction par la foule de détails gracieux et les nombreux traits de mœurs qu'elles renferment. Là aussi, ce sont les hommes et la civilisation du xve siècle qui sont représentés, avec plus de naïveté encore que chez le Ghirlandaio. On a souvent comparé Gozzoli à ces vieux conteurs florentins qui, comme Franco Sacchetti, savent nous captiver par l'abondance et le pittoresque des renseignements qu'ils donnent sur la vie de leur temps. Il y a pourtant chez lui autre chose encore que ce malin esprit d'observation et cette verve de « novelliere ». Élève de Fra Angelico, s'il n'atteint pas à la suavité mystique de son maître, il a toutefois quelque chose de sa candeur, et c'est avec le même indulgent et souriant optimisme qu'il envisage les choses d'ici-bas. Les hommes du quattrocento étaient sous certains rapports comme de grands enfants, auxquels on raconte des histoires pour les consoler; et Gozzoli était le charmeur qu'il fallait pour leur faire oublier les misères du temps en leur montrant dans ses peintures un monde meilleur que celui dans lequel ils étaient obligés de vivre.

Sienne, novembre 1912.

Un des souvenirs les plus vivants qui me soient restés de mon dernier voyage à Sienne, il y a quelques années, est celui d'une visite faite un matin au palais des Archives. Mon but principal avait été d'y voir ces intéressantes vieilles couvertures de livres peintes, qui, destinées primitivement à relier les registres de l'administration municipale, finirent par devenir de véritables petits tableaux, exécutés par les maîtres siennois du XIIIe au XVIIe siècle, et reproduisant en général des événements saillants des époques en question. Dans les salles où était exposée cette originale collection se trouvait un vieux « custode » qui me fit l'effet de mener la vie la plus heureuse du monde parmi les « cimelii » confiés à sa garde. Son culte enthousiaste des choses touchant à l'histoire de son pays me fit songer au R. P. Adone Doni, avec lequel Anatole France

raconte qu'il venait causer les soirs de printemps, sur la route de Monte Oliveto, à la
lueur des étoiles et des mouches à feu dansant
sur les buissons. Mon brave homme n'était
évidemment pas un savant comme le vieux
franciscain du Puits de Sainte-Claire, mais
il avait à un haut degré ce sens instinctif de la
poésie du passé qu'on rencontre si souvent
dans le peuple italien, et qui donne aux choses
anciennes une auréole de légende qu'une étude
plus approfondie ne fait trop souvent que
détruire.

Et quel délicieux endroit que Sienne pour
y vivre de souvenirs historiques ! Restée de
par sa situation, qui l'éloigne des grandes voies
ferrées reliant le nord de l'Italie à Rome, un
peu en dehors du mouvement moderne, elle
semble avoir pris facilement son parti de ce
fait qui lui conserve mieux son originalité, et,
se suffisant à elle-même, elle continue à l'écart
son existence individuelle, peu différente en
apparence de celle qu'elle menait autrefois. De
même que Pise, elle a connu bien des vicissitudes avant de déchoir de son ancienne puissance ; mais elle n'a pas, comme sa voisine,
l'air d'en porter éternellement le deuil, et elle
a gardé au contraire une grâce souriante, une

accueillante gaîté qui en font le plus exquis coin de vieille Toscane qu'on puisse rêver.

Dans sa fresque du « Buon Governo » au Palais public, Ambrogio Lorenzetti a laissé une image pittoresque de la vie italienne au xive siècle. La ville qu'il représente, avec ses palais, ses tours et ses portes, est évidemment faite à l'image de la vieille Sienne, telle que le peintre l'a vue, et il est étonnant de constater combien peu tout cela a changé depuis lors. A l'époque du Palio, où les participants aux courses revêtent chaque année les anciens costumes du Moyen Age, l'illusion de se voir transporté à quelques siècles en arrière doit être complète, grâce surtout au cadre magnifique fourni par la « Piazza del Campo ». Et, même en temps ordinaire, on trouve tant de couleur locale dans les traits de mœurs qu'on observe à chaque instant dans toutes ces vieilles petites rues, et certains types de physionomies, qu'on rencontre surtout parmi les enfants et parmi les femmes du peuple coiffées du caractéristique chapeau de paille blanc, rappellent si bien les personnages des anciens tableaux de l'école siennoise !

Hier, quelques fillettes qui jouaient près de la Fonte Branda m'ont offert de me montrer le chemin de la maison de sainte Catherine; je me suis laissé guider par elles, amusé de leur gracieux babil, et je me suis arrêté un instant à les faire causer. Comme elles, la fille du teinturier Benincasa était une simple enfant du peuple, et pourtant, grâce à l'ascendant de son caractère et à l'élévation de ses idées, elle fut un des personnages les plus influents de l'Italie du xive siècle. Papes et souverains écoutaient les conseils de cette jeune religieuse, morte à trente-trois ans, et, lorsqu'on la voit entre autres décider Grégoire XI à revenir avec elle d'Avignon à Rome, mettant ainsi fin au schisme d'Occident, on songe involontairement à Jeanne d'Arc menant Charles VII se faire sacrer à Reims. Curieuse époque que celle-là, qui, malgré le matérialisme souvent grossier de ses mœurs, savait rester si accessible à la voix de l'idéalisme !

De la maison des Benincasa, située en plein quartier populaire de Sienne, mais ayant beaucoup perdu de son caractère primitif par suite de nombreuses transformations qui en ont fait une espèce de sanctuaire, il n'y a que quelques pas jusqu'à S. Domenico. C'est dans cette église que se trouve la chapelle de Sainte-Catherine avec les fresques célèbres du Sodoma.

Deux d'entre elles traitent la vision et la stigmatisation de la sainte. Dans la première, celle-ci est représentée à genoux et levant les yeux vers le ciel, où lui apparaissent Dieu le père, la Vierge et l'enfant Jésus, entourés d'anges. Deux religieuses près d'elle ne voient évidemment pas l'apparition, et, ne comprenant qu'imparfaitement ce qui se passe, restent un peu en arrière de leur compagne, dont, retenues par un sentiment de respect mêlé de crainte, elles n'osent pas trop s'approcher.

Dans l'autre fresque, sainte Catherine est en train de s'évanouir au moment où le Christ, qu'on aperçoit dans les airs, vient de lui transmettre les stigmates. Deux religieuses sont à ses côtés et la soutiennent; elles ne se rendent pas plus compte de ce qui se passe en réalité que dans la première peinture; mais elles voient leur sœur défaillir, et, la pitié faisant taire tout autre sentiment, elles sont venues à son secours. Et quelle expression admirable d'intelligente compassion dans ces deux physionomies ! La religieuse agenouillée à gauche de la sainte surtout est bien la sœur de charité idéale, pleine de commisération pour celle qui a besoin de son appui, mais ne se laissant pas aller à des larmes inutiles, et sachant au contraire lui venir en aide d'une manière calme et efficace.

Les deux peintures peuvent en somme être considérées comme deux moments différents d'un même phénomène. Dans la première, l'extase est à son apogée : la sainte est en pleine communion avec la divinité, et elle n'a plus aucun rapport avec le monde, représenté par les deux religieuses, qui ne prennent pas directement part au sujet du groupe principal, formé par leur compagne et par les personnages de l'apparition. Dans la seconde, le miracle vient de s'accomplir : le Christ et les anges qui l'entourent commencent à disparaître au second plan, et la sainte reprend contact avec cette terre, si ce n'est encore que d'une manière inconsciente, par le secours que lui portent les deux religieuses, qui forment maintenant avec elle le groupe principal sur lequel se concentre toute notre attention.

Il y a dans ces deux compositions une finesse de psychologie remarquable. Ce n'est pas la pâmoison quelque peu hystérique de la Sainte-Thérèse du Bernin, si spirituellement critiquée par le malicieux président de Brosses; ce sont les effets d'un mysticisme intense, compris d'une manière juste et rendus avec vérité, sans affectation ni exagération.

Un autre aspect de ce problème a été traité avec une égale maîtrise par le Sodoma dans son Saint-Sébastien du Musée des Offices à Florence. Le jeune martyr, attaché à un arbre et transpercé de flèches, a les yeux levés vers un ange qui descend du ciel pour lui apporter une couronne; il est comme fasciné par cette apparition, et, semblant oublier les liens qui le retiennent, il essaie instinctivement de s'avancer. Sa figure reflète d'une manière intense les douleurs qu'il ressent, mais elle exprime en même temps l'espoir ardent de voir la délivrance tant désirée s'approcher enfin.

Si l'on compare à ce Saint-Sébastien le fameux Christ à la colonne de l'Académie de Sienne, on est frappé tout d'abord par la manière semblable dont le Sodoma les a représentés, le torse nu et les bras liés, avec une science admirable de l'anatomie. Mais quelle différence dans les attitudes ainsi que dans l'expression des visages! Le Christ immobile, les yeux creusés par la fièvre, regarde de côté d'un air triste et pensif; il souffre d'une douleur avant tout morale, et cela d'autant plus qu'il sait devoir vider le calice d'amertume jusqu'à la lie. Mais il l'a voulu ainsi, et il y a dans tout son être une force tranquille et résignée qui indique que rien ne pourra ébranler sa volonté; il n'a pas besoin, comme saint Sébastien, de secours d'en haut pour le réconforter, car il trouve en lui-même les ressources nécessaires pour résister jusqu'au bout. C'est que le jeune martyr n'est qu'une créature humaine, tandis que le Christ est un Dieu, et le peintre a su admirablement faire ressortir cette différence dans la manière diverse dont il leur fait supporter un sort semblable.

La façon dont le Sodoma a compris et idéalisé la souffrance est l'un des côtés les plus attachants de son œuvre. Il a, comme son maître Léonard de Vinci, le goût des problèmes psychologiques, et, s'il n'a pas la puissance de composition dramatique qu'on admire dans le Cenacolo, il n'a guère été surpassé dans la représentation individuelle des émotions de la physionomie humaine. L'idée de la douleur est au fond antipathique à sa nature encline au plaisir, et pourtant elle l'attire comme un des mobiles susceptibles de remuer le plus profondément notre âme. Mais il refuse d'en voir les côtés horribles ou désespérants, et il cherche plutôt à en faire ressortir le caractère émouvant ou sublime, sachant qu'elle peut être aussi bien que la joie créatrice de beauté.

Une compréhension pareille de la douleur ne se rencontre d'habitude que chez un homme ayant assez vécu pour connaître par lui-même le rôle éminent qu'elle joue ici-bas. C'est pourquoi le Christ portant la croix et le Christ à la colonne que le Sodoma a peints dans sa jeunesse au Monte Oliveto Maggiore, et qui rappellent beaucoup celui de l'Académie de Sienne, sont loin de produire une aussi puissante impression. De même, les fameuses fresques destinées à illustrer la vie de saint Benoît, dont il a orné le grand cloître de ce couvent, se distinguent moins par la profondeur du sentiment que par des qualités de beauté plus extérieures. Ce qui fait le charme principal de ces scènes pleines de vie, mais parfois un peu touffues, c'est la richesse d'invention et le pittoresque des détails, la grâce toute vincienne dont sont empreintes les physionomies et les attitudes des personnages, l'atmosphère de bonheur dont tout est enveloppé. C'est quelque chose de la verve de conteur du vieux Gozzoli, avec moins de naïveté et une plus grande connaissance de la figure humaine :

la spontanéité de l'ancienne peinture toscane jointe à l'art plus subtil de l'école de Milan.

Dans ce vieux couvent, presque délaissé maintenant, ces œuvres débordantes de jeunesse produisent un effet extraordinaire. Si cette solitude, délicieuse d'ailleurs et véritable oasis de verdure au milieu d'un paysage aride et désolé, a gardé comme un reste de la vie qui l'animait jadis, c'est grâce au génie du Sodoma et de son prédécesseur Luca Signorelli. Il semble en effet que les vrais habitants ne soient pas les quelques moines chargés de l'entretien des bâtiments, mais les personnages des fresques du grand cloître : saint Benoît et ses compagnons, tout ce petit monde d'autrefois issu de l'imagination des deux artistes, et représenté par eux d'après les modèles qu'ils avaient sous les yeux. Prestige incomparable de cette belle terre d'Italie, où le passé semble vivre de son existence propre au milieu d'un présent lui-même si plein d'attrait !

Rome, novembre 1912.

Me voilà enfin à Rome, où j'avais une telle hâte d'arriver en quittant l'Alsace, et que j'ai mis néanmoins près de trois mois à atteindre, tant je me laissais captiver par chaque endroit où je m'arrêtais. C'est surtout de la Toscane que j'ai eu toutes les peines du monde à me détacher, et, n'avait été la saison avancée, je serais sans doute encore à l'heure qu'il est à Sienne, sous le charme de la poésie mystique qui s'incarne dans les madones de Duccio et de Simone Martini. Dans aucun de mes voyages précédents, je ne m'étais senti aussi accessible à la séduction du pays de Dante; jamais, il est vrai, je n'y étais venu l'esprit aussi libre de toute arrière-pensée, et aussi disposé à me laisser aller sans réserves à l'enchantement de ce passé d'art et d'idéalisme, si vivant encore au milieu de cette belle et fine nature toscane.

En arrivant à Rome, il m'a fallu quelques jours pour me faire aux impressions plus fortes que l'on éprouve ici; et, le mauvais temps de la première semaine aidant, je me suis même senti un instant presque dépaysé. Mais cela n'a pas duré; je suis de nouveau « Romain » au point qu'il me semble n'avoir jamais quitté cette ville, où autrefois je venais presque chaque année passer au moins quelques jours.

J'ai trouvé un petit appartement Via Gregoriana, tout près de la maison habitée en 1827 par Stendhal. Si je n'ai pas depuis mes fenêtres la belle vue sur Rome dont il jouissait depuis les siennes, j'en trouve l'équivalent à quelques pas de chez moi, en remontant la rue jusqu'à la Trinità dei Monti et de là jusqu'au Pincio. Par les belles soirées d'automne que nous avons maintenant, rien n'est plus admirable, en effet, que l'aspect de la ville immense s'étendant sous la lumière dorée du soleil couchant, avec l'imposante coupole de Saint-Pierre dans le fond, et, plus loin encore, bornant l'horizon pur et lumineux, les hauteurs du Janicule et du Monte Mario, avec leurs noirs et majestueux cyprès et leurs pins parasols aux formes étranges.

Solenni in vetta a Monte Mario stanno
nel luminoso cheto aere i cipressi,
e scorrer muto per i grigi campi
mirano il Tebro,

mirano al basso nel silenzio Roma
stendersi, e, in atto di pastor gigante
su grande armento vigile, davanti
sorger San Pietro (1).

Il y a dans ce spectacle une grandeur mélancolique et une divine sérénité qui, tout en portant aux pensées graves, ont quelque chose de profondément apaisant. C'est, comme dit Stendhal, « une félicité tranquille qui pénètre l'âme attendrie et élevée tout entière », et que peuvent, selon lui, goûter seuls ceux qui aiment et connaissent Rome depuis longtemps. « Un jeune homme qui n'a jamais rencontré le malheur, ajoute-t-il, ne la comprendrait pas. »

Cette « félicité tranquille » de Stendhal rappelle beaucoup le « gesetztes Wesen mit Freude » dont Goethe parle pour définir l'état d'esprit particulier éprouvé à Rome. Lui aussi

____

(1) Sur la cime du Monte Mario les cyprès s'élèvent solennels dans l'air lumineux et calme, et ils regardent le Tibre couler muet par les grises campagnes. Ils regardent Rome qui s'étend en bas dans le silence, et, devant elle, Saint-Pierre qui se dresse dans l'attitude d'un pâtre géant veillant sur un grand troupeau.

a rencontré ici l'apaisement et une source de bonheur pour toute son existence; il s'est « retrouvé lui-même » en réalisant le rêve le plus ardent de sa jeunesse. Un grand besoin de recueillement : c'est là son impression dominante après son arrivée dans cette ville incomparable, qui a été pour lui la grande école où il a achevé de former son génie, et dans laquelle il voudrait passer des années, « en observant un silence pythagoricien ».

« Il me semble, dit-il, que je n'ai jamais aussi bien qu'ici apprécié les choses de ce monde à leur juste valeur. » Cette observation, remarquable de profondeur et de vérité, caractérise bien l'enseignement qui se dégage de cette vieille terre historique, où l'on apprend à estimer à leur véritable valeur, non seulement la puissance et la grandeur humaines, mais aussi les adversités de ce monde, y compris les petitesses de la lutte journalière pour la vie, qui pèsent plus lourdement sur la plupart d'entre nous que le vrai malheur.

Goethe a sans doute aussi dû en grande partie à l'influence de Rome cette espèce d'indifférence philosophique avec laquelle, de même que certains grands artistes de la Renaissance italienne, il envisageait les événements

politiques de son temps. Car l'ancienne maîtresse du monde, dont la majesté millénaire
n'a jamais cessé de commander le respect,
même aux pires moments de son histoire, peut
être considérée comme un magnifique exemple
d'auguste impassibilité en face des vicissitudes
du sort. Elle semble dire : « Que m'importent
au fond tous ces barbares qui ont foulé et bou-
leversé mon sol? Ils ont passé, et je suis restée,
car ce n'est que mon image extérieure qu'ils
ont détruite, et ils n'ont eu aucune prise sur
l'idée que je représente, moi qui me glorifie à
un double titre d'être le berceau du monde
moderne. Malgré eux, je suis encore et je serai
toujours la terre classique de la poésie et de
la beauté, et le prestige de mon nom continuera
à exercer sa fascination lorsque leur souvenir
même aura disparu. »

Peut-être est-ce également ici, sur ce sol
dont les continuelles résurrections correspon-
daient si bien à ses idées panthéistes, que
Goethe s'est habitué à envisager tranquillement et à « juger selon sa véritable valeur » le
problème le plus redoutable qui puisse préoccuper l'esprit humain : celui de la mort. Dans
tous les cas, il a rêvé de finir sa vie à Rome,
et d'y être enterré près de la pyramide de

Cestius, au cimetière où, par une singulière coïncidence, se trouve maintenant la tombe de son fils. En apprenant la fin prématurée de ce dernier, le vieux poète, alors âgé de quatre-vingt-un ans, se rappelait le vœu qu'il avait exprimé une quarantaine d'années auparavant dans une de ses Élégies romaines. « Mon fils, dit-il (ce sont là à peu près ses termes, que je cite de mémoire), est allé reposer près du tombeau de Cestius, à l'endroit vers lequel je m'étais senti jadis, avant sa naissance, attiré moi-même par un désir poétique. »

L'idée de la mort semble en effet inséparable de celle de Rome. Mais elle s'y présente sans rien d'effrayant; au contraire, en suprême consolatrice des amertumes de la vie, dans le sens qui faisait dire à Chateaubriand que « c'est une belle chose que Rome pour tout oublier, pour mépriser tout et pour mourir ». C'est également la pensée de la mort qui inspire l'ode de Carducci dont je citais tout à l'heure les premiers vers : là aussi du reste sans rien de lugubre, et envisagée au point de vue de la philosophie épicurienne, tirant de l'inéluctable fatalité un encouragement à jouir de la vie tant qu'il nous est donné de le faire.

Et y a-t-il de plus hautes jouissances que

celles que Rome est capable d'offrir? Le simple fait de vivre ici, où pour ainsi dire chaque pierre parle à l'âme, est déjà du bonheur.

Carducci dit dans une autre de ses odes :

Sol nel passato è il bello, sol nella morte è il vero !

Non pas que nos ancêtres aient eu moins lieu que nous de voir les mauvais côtés de l'existence, loin de là. Mais dans tout passé, même le mieux connu, il reste tant de choses incertaines que notre imagination peut arranger à sa guise, et parer des couleurs qui lui agréent ! Puis il nous est loisible de nous y arrêter aux événements qui nous plaisent, en laissant les autres dans l'ombre, et en négligeant surtout les mille petites vulgarités qui n'ont jamais manqué à aucune époque, mais dont nous pouvons mieux faire abstraction pour les temps anciens, tandis que dans le présent nos yeux en sont offusqués malgré nous. Le plaisir que chaque homme éprouve à rappeler les souvenirs de sa propre enfance, qu'il embellit inconsciemment, nous le trouvons ici en évoquant ceux des premiers siècles de notre civilisation. Et sur tout ce qu'il peut y avoir de dur ou de violent dans l'histoire de Rome, la mort, la grande réconciliatrice, étend maintenant son voile apaisant.

Rome, décembre 1912.

Il y a un charme délicieux, augmentant avec l'âge, à revenir aux endroits qu'on a aimés et qui ont joué un rôle important dans notre existence. Non seulement on y a souvent l'impression de se sentir plus vraiment « chez soi » que là où le sort nous a placés; mais il nous semble aussi y retrouver un vieil ami, un compagnon de voyage idéal : soi-même tel qu'on était autrefois. Et c'est peut-être ainsi qu'on se rend le mieux compte de ce que la vie a fait de nous, et qu'on peut mesurer le mieux l'influence que le temps a eue sur notre caractère et sur nos idées.

La fascination de plus en plus grande exercée sur moi par Rome dépend certainement en partie du fait que mes souvenirs personnels ont en quelque sorte leur modeste part dans la patine d'ancienneté qui y rehausse l'attrait de toutes choses; et tel site ou tel monument ne m'attire pas seulement pour ce qu'il me rappelle de son passé, mais aussi pour ce qu'il me fait revivre de mes propres impressions de jadis.

Presque chaque fois que je suis venu dans cette ville, je l'ai vue sous un jour plus ou moins différent, bien qu'au fond l'essence du sentiment qu'elle m'inspire soit restée la même. Au début, c'est presque uniquement l'antiquité classique qui m'intéressait, au point de vue de l'histoire aussi bien qu'à celui de l'art. Le Moyen Age ne me paraissait que le destructeur inintelligent de toutes ces splendeurs; et quant à la Renaissance, elle me faisait un peu l'effet d'une étrangère, séduisante à vrai dire, mais moins à sa place ici qu'en Toscane ou en Vénétie. Maintenant, je me suis habitué à voir dans Rome un tout harmonieux, et je ne voudrais pas qu'il manquât quoi que ce soit à ce qui forme l'ensemble de sa physionomie. Même les tristes souvenirs des sombres moments qui ont accompagné et suivi la chute de l'Empire ont leur charme mélancolique, qui, en nous touchant par quelque chose de plus humain dans leur détresse, nous rapproche peut-être davantage de l'ancienne capitale du monde que la majesté de ses jours de gloire.

Lors d'un de mes premiers voyages ici, je me promenais un dimanche après-midi au Palatin, où il y avait, comme généralement à ces heures où l'accès en est gratuit, une grande affluence de visiteurs. Tout ce monde m'avait d'abord incommodé quelque peu par sa turbulence, et je m'étais retiré loin de l'entrée, du côté où se trouvent les ruines grandioses du Septizonium de Septime-Sévère. Là, j'avais pu rester quelque temps à peu près tranquille à jouir de la vue incomparable qui s'étend vers la Via Appia. Puis, en rentrant, je me vis bon gré mal gré mêlé à la foule, composée en grande partie de gens du menu peuple romain, et je pris bientôt un vif plaisir à observer les « descendants de Romulus » actuels parmi les vestiges des palais des Césars.

A l'endroit où s'élevait anciennement le palais de Domitien, une partie des visiteurs s'était arrêtée près d'un récitateur public, qui, debout au milieu de ce qui formait autrefois le péristyle, lisait la vie de Raphaël. Les uns faisaient cercle autour de lui, d'autres s'étaient assis par terre dans l'herbe ou sur des pierres, tandis que d'autres encore se tenaient un peu plus à l'écart, appuyés à des pans de murs ou accoudés à des débris de colonnes.

Le spectacle de tout ce monde écoutant avec un visible intérêt le récitateur, dont la voix faisait retentir parmi les ruines les phrases sonores de cette belle langue italienne, avait quelque chose d'éminemment pittoresque. Ailleurs, j'aurais peut-être été surpris de ce qu'un public pareil pût être captivé à ce point par le récit d'une vie d'artiste; ici, cela me paraissait tout naturel. Il me semblait qu'entre l'auditoire, le sujet de la lecture et cette colline, théâtre des modestes origines de Rome avant d'être celui du faste de la puissance impériale, il existait comme un lien mystérieux, rattachant cette antiquité lointaine à la Renaissance et au présent.

La manière naturelle dont la vie moderne se mêle aux souvenirs du passé constitue en général un des grands attraits de l'Italie. A Rome, le peuple est resté en grande partie fidèle aux quartiers qui formaient le centre de la ville ancienne. Les ruelles avoisinant le Forum par exemple sont parmi celles où l'on peut le mieux observer la vie populaire de nos jours, et plus d'un détail, tel que les « osterie » qui rappelaient à Gaston Boissier les « unctae popinae » chères à l'esclave d'Horace, nous y fait songer aux coutumes des petites gens dans l'antiquité. Les vilaines grandes bâtisses qui déparent entre autres les Prati di Castello n'ont heureusement pas trop fait école, et l'on peut espérer que la fameuse « Passeggiata archeologica » aura du moins l'avantage de mettre définitivement toute cette intéressante région à l'abri de l'envahissement par les constructions modernes.

Ce projet de promenade archéologique a été d'ailleurs vivement critiqué dans une partie de la presse italienne. On a reproché surtout à ses auteurs de n'épargner que les ruines des monuments antiques, et de sacrifier précisément ce qui donnait tant de cachet à celles-ci : tout ce que le temps et la nature ont amassé autour d'elles, en fondant, comme s'exprime M. Angelo Conti dans le Marzocco, « en une divine harmonie la diversité des choses », et en « faisant voir et comprendre la continuité de l'histoire ».

Un autre article de cette même revue, signé de M. Diego Angeli, évoque le charme de tout ce passé en train de disparaître. « Les chemins, dit-il, passaient au milieu de vignes et de jardins; une maison du XVe siècle était juchée sur une vieille ruine au fond d'une petite place solitaire où l'herbe croissait entre les pavés parmi de nombreuses mosaïques et des sculptures de l'époque des Cosmates (1). Puis parfois, en poussant une petite porte pratiquée dans un mur lézardé, on entrait dans un petit jardin potager, où, au milieu des oliviers et des roses, des cyprès et des lauriers, des laitues et des chicorées (vrai « hortus » romain où fraternellement les fleurs venaient parmi les légumes), se cachait un colombaire ou un sépulcre, et s'entrevoyaient l'entrée d'une catacombe ou les ruines d'un oratoire médiéval encore décoré des ses fresques millénaires. Et tous ces terrains étaient remplis de débris et d'inscriptions, couverts aussi de grands arbres séculaires et de belles fleurs odorantes (2). »

Puis M. Diego Angeli énumère quelques-uns des plus caractéristiques parmi ces vieux souvenirs déjà tombés sous la pioche des démolisseurs, comme la vieille petite chapelle où les bergers qui entraient en ville par la porte Saint-Sébastien venaient suspendre des bou-

---

(1) sopra un vecchio rudero s'inerpicava una abitazione quattrocentesca, in fondo a una piazzetta solitaria dove l'erba germogliava fra i selci pieni di mosaïci e di sculture cosmatesche.

(2) *Diego Angeli*, Il « Prater » Archeologico (Il Marzocco, Anno XV, n° 9, 27 Febbraio 1910).

quets de fleurs de l'Agro romano, ou la grille de la Villa Guidi, si pittoresque avec ses pilastres composés de fragments antiques, et les buissons de lauriers-roses qui la recouvraient presque entièrement.

Si en général tout changement brusque est dangereux, c'est une entreprise particulièrement risquée que de vouloir transformer du jour au lendemain un site historique qui devait son charme principal à la manière naturelle dont successivement le présent s'y est développé du passé. A Rome il ne s'agit en effet pas simplement d'une ville nouvelle construite sur l'emplacement d'une autre plus ancienne, mais pour ainsi dire d'un même organisme, extraordinaire de vitalité, qui s'est modifié lentement au cours des siècles ; et il serait faux de ne vouloir considérer qu'une période de son passé, fût-ce la plus brillante. Car ce qui lui donne son attirante et unique beauté, n'est-ce pas précisément que nous voyons en elle le reflet de tout ce que l'histoire de l'humanité peut offrir, en grandeurs comme en abaissements, en mal comme en bien ?

Rome, janvier 1913.

Lorsqu'il fit transporter sur la place du Capitole la statue de Marc-Aurèle qui se trouvait devant le palais de Latran, Michel-Ange avait évidemment pour but essentiel de mettre le mieux possible en relief ce chef-d'œuvre de la sculpture antique. Et le fait est que, seule au milieu de cet emplacement restreint, ouvert uniquement du côté de l'escalier monumental par lequel on y accède, l'image de l'empereur à cheval, la main étendue vers l'espace libre devant lui, produit un effet artistique grandiose.

Mais au point de vue historique aussi, le choix de cet endroit était des plus heureux. Car la présence de ce prince ajoute encore au sentiment de respect éprouvé sur la colline de Jupiter Capitolin, où l'invisible génie de la « Dea Roma » s'entoure de mystère sacré et de tranquille majesté; tandis que nulle part, ni au Forum avec les souvenirs des luttes des partis sous la République, ni au Palatin avec ceux des excès des premiers Césars, l'idée impériale incarnée par Marc-Aurèle ne pouvait apparaître aussi pure et aussi pleine de grandeur.

Selon la tradition, l'empereur est représenté au moment où il accorde leur grâce à des prisonniers de guerre qui l'implorent, et rien n'était mieux de nature à illustrer la noblesse de son caractère que la dignité de ce geste de clémence. La générosité vis-à-vis des ennemis vaincus était jusque-là une chose rare dans l'antiquité. Quand on songe par exemple qu'à quelques pas de là, dans la Prison Mamertine, Jules César fit froidement étrangler Vercingétorix après l'avoir fait figurer dans son triomphe, on est frappé du contraste entre la férocité des anciennes coutumes romaines et les progrès réalisés par les idées d'humanité au siècle des Antonins. En général, la domination de la République avait été beaucoup plus dure aux peuples soumis que ne le fut plus tard celle de l'Empire. Quoique s'étant déjà fait sentir sous Auguste, cette amélioration dans la condition des provinces fut principalement l'œuvre des successeurs de Nerva. Sous ces princes magnanimes, l'idée impériale prit un aspect nouveau et une envergure qu'elle n'avait pas connue auparavant : ce n'était plus Rome asservissant le monde, mais se l'assimilant, en tâchant d'en former un tout aussi homogène que possible. Principalement politique et militaire chez Trajan et Adrien, cet idéal s'élargit encore chez Antonin et Marc-Aurèle. Certes, comme leurs prédécesseurs, ces deux empereurs sont avant tout Romains, et, fiers de l'être, ils voient dans la défense des intérêts de l'État leur devoir le plus sacré; mais ils ont de plus, à un degré inconnu avant eux, le respect de la dignité humaine jusque chez les plus humbles de leurs sujets. A côté de l'idée de patrie vient se placer désormais celle de l'humanité considérée dans son ensemble, et c'est dans la fusion de ces deux principes que semble consister pour eux la mission de l'empire qu'ils gouvernent.

Tandis qu'Adrien et Antonin ont pu se livrer en toute tranquillité à leurs réformes, Marc-Aurèle voit son règne troublé par toutes sortes de calamités. Des épidémies et des tremblements de terre ravagent les provinces; les frontières sont constamment menacées par les attaques de la redoutable coalition germanique des Quades et des Marcomans, et, par surcroît, le meilleur général de l'Empire, l'ambitieux Avi-

dius Cassius, se révolte au moment où les barbares semblent sur le point d'être définitivement soumis. A toutes ces difficultés, Marc-
Aurèle fait face avec la calme énergie et l'in-
lassable patience qui le distinguent. Rien n'est
moins compatible avec ses goûts que les guerres
continuelles auxquelles il est astreint, et pourtant il exerce le métier des armes avec autant
d'habileté que de conscience. Il permet à ceux
de ses amis que les fatigues des campagnes dans
un pays inculte effraient de rester à Rome, tandis que lui-même va partager en Pannonie la
rude existence de ses soldats. Ceux-ci sont loin
de se douter combien il a fallu d'abnégation à
leur chef, qu'ils adorent, pour renoncer aux
paisibles travaux d'administration et surtout à
ses chères études philosophiques; ils le voient
toujours tout à ses devoirs militaires, et rien
n'indique pour eux la contrainte qu'il s'impose.

Pourtant les interminables combats auxquels il consacre la plus grande partie de son
règne ne sont pas sans lui laisser parfois quelques loisirs lui permettant, selon une de ses
expressions favorites, de « se retirer en lui-
même », et il profite de ces instants de solitude
pour écrire ces admirables *Pensées*, qui forment son examen de conscience comme homme,

comme empereur et comme philosophe. Alors il n'est plus question de guerre, bien qu'un certain nombre des plus belles pages soient datées des bords du Granua ou de Carnuntum, en plein pays barbare. Son esprit est à mille lieues de là, avec ses auteurs favoris, avec les maîtres qui ont instruit son enfance, avec son père adoptif Antonin, le modèle des souverains, dont il a constamment l'exemple devant les yeux. C'est dans ces moments de recueillement qu'il puise la force de porter le fardeau qui sans cela menacerait de l'accabler. « Qui peut nous guider ? dit-il. Seule la philosophie. Et être philosophe signifie : préserver le génie qui est en nous de toute souillure et de tout dommage; vaincre le plaisir et la douleur; ne rien abandonner au hasard; ne jamais avoir recours au mensonge ni à la feinte; être indépendant des actions et des omissions d'autrui; accepter tous les événements et tous les coups du sort comme venant de là où nous avons pris nous-mêmes notre origine; enfin, attendre la mort d'un cœur paisible, et n'y voir rien d'autre que la résolution dans les éléments dont est composé chaque organisme. »

La pensée de la mort, point de départ de toute philosophie, le préoccupe constamment, d'autant plus qu'il sent lentement décliner sa santé sous l'influence de la vie de fatigues qu'il mène. Il l'envisage avec une sérénité parfaite, car il n'y voit qu'un phénomène naturel, comme la naissance et la vie elles-mêmes, qu'il n'y a pas plus lieu de craindre que de désirer, et son fatalisme de stoïcien lui fait admettre que tout ce qui nous arrive nous était destiné de tout temps.

La dernière parole d'Antonin mourant avait été : « Acquanimitas ». Les derniers moments de Marc-Aurèle ne furent pas moins sublimes, lorsque, ayant réuni ses amis, il leur défendit de pleurer et prit congé d'eux après leur avoir encore une fois recommandé son armée. Selon Renan, qui fait un récit émouvant de cette fin digne de Socrate, il leur avait parlé auparavant, sur son ton habituel de légère ironie, de l'absolue vanité des choses et du peu de cas qu'il faut faire de la mort, « dont, arrivé à la vaincre totalement, il pouvait sourire, car vraiment elle n'avait plus de sens pour lui ».

Marc-Aurèle est un magnifique exemple de la haute valeur morale du stoïcisme, dont il a été dès sa jeunesse un fervent adepte. Maître absolu du plus puissant empire qui ait jamais existé, il a su rester homme avant tout, avec autant de simplicité et de naturel qu'il savait mettre de dignité dans l'accomplissement de ses fonctions de souverain. Placé par son rang pour ainsi dire au-dessus de l'humanité, il n'a pas cru devoir se mettre en dehors d'elle ni la mépriser. Au contraire, la distance à laquelle il se trouve contribuant à réduire considérablement pour lui les différences sociales entre les hommes, il est beaucoup mieux à même de juger sainement ce qui fait la vraie valeur de ces derniers. Comme il les voit d'habitude plus à plaindre qu'à blâmer, il est généralement plein d'indulgence pour eux, et, s'il lui arrive d'être trop confiant en refusant parfois de voir le mal là où il se trouve réellement, son erreur ne vaut-elle pas mieux que celle d'un Tibère, devenu par son excessive méfiance, malgré de sérieuses qualités, un tyran justement détesté de son peuple?

En rappelant dans ses *Pensées* les bonnes leçons de son maître Junius Rusticus, Marc-Aurèle relève entre autres que c'est à lui qu'il doit la connaissance des écrits d'Épictète. Ceux-ci formèrent la base de son instruction dans les théories stoïciennes, et restèrent toujours sa lecture de prédilection. Il est intéressant de voir comment, partant l'un de la situation la plus élevée de ce monde, l'autre de la condition la plus humble, l'empereur et l'ancien esclave arrivent au même résultat dans leur conception de l'existence humaine. Pour tous deux, c'est en nous-mêmes que se trouve la source de notre bonheur; les choses extérieures ne sont que ce que nous voyons en elles, et n'ont d'importance que par l'impression qu'elles produisent sur notre âme, impression qu'il dépend de nous d'éviter ou de modifier à notre guise. L'opinion d'autrui, et par conséquent la gloire et les honneurs aussi bien que les humiliations imméritées, sont des quantités négligeables; l'essentiel est l'approbation de notre propre conscience. Le culte de la vie intérieure, qui n'implique ni l'égoïsme ni la misanthropie, voilà le but à poursuivre avant tout. « Cherche le bonheur en toi-même », dit Épictète. « Regarde au dedans de toi, dit Marc-Aurèle. C'est en toi-même qu'est la source du bien, une source intarissable, à condition que tu creuses toujours. » Et plus tard, dans l'avant-dernier livre de ses *Pensées*, il résume sa profession de foi en matière de philosophie pratique dans la phrase suivante : « La faculté de mener une vie heureuse est inhérente à notre âme, pourvu que celle-ci considère avec une réelle indifférence les choses indifférentes. »

Rome, février 1913.

Bien qu'en général j'évite la fatigue des longues visites de musées, j'ai passé aujourd'hui toute ma matinée à celui des Thermes; une bonne partie du temps, il est vrai, tranquillement assis sous les cyprès du jardin, à jouir de la paix du cloître qui entoure ce dernier.

Au point de vue archéologique, c'était sans doute une fâcheuse idée que de construire un couvent de chartreux sur l'emplacement des Thermes de Dioclétien; mais on ne songe guère à déplorer cette erreur en présence du chef-d'œuvre que Michel-Ange a su tirer de ces ruines. On regrette davantage que l'église, maladroitement transformée au XVIIIe siècle, n'ait pas gardé le caractère que lui avait donné le grand artiste, et l'on se félicite de ce que tout au moins le cloître soit resté tel qu'il était primitivement.

Attenantes à ce dernier, les maisonnettes

des chartreux, avec leurs petits jardins silencieux, n'ont pas changé non plus, et lorsqu'il y a peu de visiteurs, comme c'était le cas aujourd'hui, on peut encore y goûter un moment l'illusion de la retraite solitaire. Ce n'est toutefois plus le milieu austère où les religieux se livraient à leurs méditations; les cellules et les jardinets ont été envahis par des statues et par des bas-reliefs qui sont venus y apporter l'animation de leur beauté profane. L'antiquité est revenue faire valoir ses droits là où elle avait d'abord régné en maîtresse; mais elle s'incline devant l'œuvre d'art que le génie de la Renaissance a créée ici, et elle sait s'y adapter. Dans l'une des maisonnettes par exemple, une ravissante tête de jeune fille, couverte d'un voile jusque sur les oreilles et sur le menton, et les yeux levés au ciel, a la suavité d'une apparition mystique; c'est comme la beauté antique faisant prévoir celle plus spiritualisée de l'art chrétien. Dans une autre, la physionomie méditative du philosophe Anaximandre, maître de Pythagore et disciple de Thalès de Milet, semble vouloir rappeler que c'est le génie grec qui a le premier essayé de rendre les problèmes éternels accessibles à l'esprit humain, et préparé la voie à la métaphysique chrétienne.

L'idéal monastique lui-même se trouve en germe dans la philosophie hellénique, depuis la discipline de la vie en commun, réalisée par les adeptes de Pythagore, jusqu'aux extases mystiques, dans lesquelles Plotin et les néo-platoniciens croyaient trouver la révélation de la Vérité absolue. Platon lui-même avait déjà admis la nécessité de conditions exceptionnelles pour arriver à ce but le plus élevé de la philosophie. Dans son Phédon, il fait dire à Socrate que l'âme ne peut atteindre à l'état de suprême sagesse qu'en se détachant du corps pour contempler directement le principe pur, éternel et immuable du souverain Bien; alors seulement, quand aucune sensation corporelle, ni douloureuse ni agréable, ne vient la troubler, elle est capable de se recueillir entièrement et d'arriver ainsi à la connaissance de l'Être existant par lui-même. Ce détachement, dit-il, n'est toutefois complètement possible que par la mort; c'est pourquoi le vrai philosophe, loin de craindre cette dernière, la désire comme la délivrance des misères humaines et la seule possibilité d'union avec la divinité. Et, mettant ses actes d'accord avec ses paroles, Socrate, après avoir refusé l'offre de Criton de le faire s'évader de prison, passa tranquillement ses derniers jours dans de paisibles entretiens avec ses amis; sa manière d'être était si bien celle d'un homme parfaitement heureux que ni Phédon, ni aucun de ceux qui se trouvaient là au moment de sa mort ne songèrent même à le plaindre.

Cette union de l'âme avec la divinité, idéal de l'école platonicienne, n'était-elle pas aussi celui des chartreux qui priaient autrefois dans ces cellules maintenant inhabitées? Il ne me semblait donc aucunement étrange de rencontrer, dans ce couvent transformé en musée, les souvenirs de l'antiquité païenne; et si, pendant que je restais livré à ces réflexions, Platon et ses disciples m'étaient subitement apparus sous les arcades du cloître, leur présence ne m'aurait guère plus étonné que celle des anciens moines. La continuité de la pensée humaine à travers ces siècles si intéressants qui ont vu l'idée chrétienne se dégager lentement de l'idée antique me devenait pour ainsi dire tangible, et je me demandais s'il est encore permis d'opposer irréductiblement celles-ci l'une à l'autre, maintenant que nous avons appris à considérer moins ce qui les sépare que ce qui les rapproche. Le couvent élevé par Michel-Ange parmi les ruines des Thermes de Dioclétien, et peuplé maintenant par les chefs-d'œuvre de la sculpture grecque, me paraissait un admirable symbole de cette réconciliation des deux idées, qui forme le plus beau titre de gloire de la Renaissance.

Rome, mars 1913.

Dans la rue qui mène de la Via Nazionale à la place du Quirinal se trouve la petite église de S. Silvestro, où Michel-Ange et Vittoria Colonna avaient coutume de se réunir avec quelques amis, les dimanches après-midi de l'automne 1538, pour entendre le frère Ambrogio de Sienne leur lire et leur expliquer les épîtres de saint Paul. Ces séances, dont quelques-unes se trouvent relatées dans les dialogues sur la peinture de François de Hollande, avaient lieu soit dans une chapelle de l'église même, soit dans le jardin du couvent attenant, où, depuis un banc de pierre ombragé par des buissons de lauriers et adossé à un mur tapissé de lierre la vue s'étendait sur une grande partie de la ville antique. La lecture terminée, on en discutait ensemble le sujet, et parfois aussi l'on parlait d'art, spécialement au point de vue religieux.

Vittoria Colonna était l'âme de ces réunions. Depuis la perte de son mari, le marquis de Pescara, mort des suites des blessures reçues en commandant l'armée espagnole à la bataille de Pavie, elle avait cherché la consolation dans le culte de la poésie, puis surtout dans les exercices d'une ardente piété. D'une intelligence vive et exaltée, elle avait pris une part active au mouvement religieux créé par Valdès et par Bernardino Ochino, avec lesquels elle s'était trouvée en relations personnelles lors de ses séjours à Naples et à Ferrare; plus tard pourtant elle se sépara de ces réformateurs, dont les idées hardies effrayaient sa conscience timorée, et ses dernières années se passèrent dans le silence de la vie claustrale, à Viterbe et à Rome, où elle mourut en 1547.

Pour comprendre l'influence que cette femme remarquable exerça sur lui, il faut se rappeler qu'on ne saurait juger le caractère de Michel-Ange uniquement d'après son œuvre artistique, toute de vigueur et de majestueuse puissance. Au fond, celui que, pour les éclats de son tempérament irascible et impulsif, ses contemporains avaient surnommé le terrible, était une âme inquiète, encline au pessimisme et au découragement. Travailleur infatigable et dif-

ficilement content de lui-même, il s'épuisait à
la poursuite de rêves gigantesques qu'il se désespérait de ne pouvoir atteindre, et il mourut
sans avoir réalisé entièrement aucun des grands
projets qui lui tenaient le plus à cœur. La société lui était à charge, et il la fuyait autant
par un besoin naturel de solitude et de recueillement que dans l'intérêt de son travail, qui formait pour lui le but suprême de l'existence; il
n'était, dit son élève Ascanio Condivi, jamais
moins seul que quand il était seul (mai men solo
che quando era solo). Pourtant, comme beaucoup de solitaires, il était capable de fortes
affections, et il s'attachait d'autant plus à ceux
qu'il aimait que le nombre en était plus restreint.

Les meilleurs documents que nous possédons
sur Michel-Ange comme homme nous ont été
fournis par lui-même, d'une part dans ses lettres, de l'autre dans ses poésies. Ces dernières,
nombreuses surtout à partir de ses relations
avec Vittoria Colonna, sont loin d'être une simple distraction littéraire à laquelle il se serait
livré, comme beaucoup de ses contemporains,
à côté de ses travaux artistiques; elles forment
au contraire comme un journal intime de ses
sentiments les plus profonds, complétant l'œuvre

du sculpteur et du peintre en exprimant ce que celle-ci n'arrivait pas à dire.

Dès l'âge de quinze ans, il avait eu l'occasion de puiser le goût de la poésie à la cour de Laurent le Magnifique, qui, devinant son génie, l'avait demandé à son père, et le garda auprès de lui jusqu'à sa mort; Ange Politien, qui habitait sous le même toit que le jeune artiste, le prit en affection, et fut sans doute le premier à l'initier au culte des belles-lettres. Les connaissances littéraires que Michel-Ange acquit par la suite dépassèrent de beaucoup celles d'un simple amateur. Personne à son époque n'avait par exemple approfondi comme lui Dante, dont il était un admirateur passionné, et qu'il savait presque entièrement par cœur. Quelques-uns de ses plus beaux sonnets font foi du culte qu'il professait pour l'auteur de la *Divine Comédie*, entre autres celui qui commence par ces vers :

> Dal ciel discese e col mortal suo, poi
> Che visto ebbe l'inferno giusto e'l pio,
> Ritornò vivo a contemplare Dio
> Per dar di tutto il vero lume a noi (1);

---

(1) Il descendit du ciel, et, avec son corps mortel, après qu'il eut vu l'enfer juste et l'enfer clément (c'est-à-dire le Purgatoire), il retourna vivant contempler Dieu, pour nous donner la vraie connaissance de tout.

et qui se termine ainsi :

> Fuss'io pur lui ! c'a tal fortuna nato,
> Per l'aspro esilio suo con la virtute
> Darei del mondo il più felice stato.

Michel-Ange regrettant de ne pas être Dante, en disant qu'il échangerait volontiers la plus heureuse condition de ce monde contre l'âpre exil du poète, et mettant si haut le bonheur d'avoir vécu en imagination les sublimes visions du Paradis que ses propres productions artistiques lui semblaient peu de chose en comparaison ! On ne sait pas ce que l'on doit le plus admirer, de la modestie du grand homme, ou de sa faculté remarquable de se pénétrer aussi entièrement d'une œuvre comme la *Divine Comédie*.

En lisant certains des vers que Michel-Ange adresse à Vittoria Colonna, on ne peut s'empêcher de songer au Canto nuovo, et l'amour tout platonique qu'il éprouva pour elle rappelle beaucoup celui de Dante pour Béatrice. Plus que sa beauté, d'ailleurs contestée, la marquise le séduisit par les qualités de son caractère et par le charme de son esprit. Poétesse célèbre, elle avait consacré à la mémoire de son mari une série de sonnets que pour la grâce et la délicatesse des sentiments on comparait à ceux de Pétrarque.

Plus tard, ses vers subirent de plus en plus l'influence de ses préoccupations religieuses, qui finirent par la dominer entièrement. Là encore, elle se rencontrait avec Michel-Ange, qui avait suivi dans sa jeunesse les prédications de Savonarole, et en avait gardé toute sa vie une tendance prononcée au mysticisme. Les conversations dans le genre de celles de S. Silvestro devaient être fréquentes entre eux, surtout depuis qu'en 1544 la marquise eut quitté Viterbe pour revenir définitivement à Rome. L'année précédente, elle avait été gravement malade, et l'on avait cru sa fin imminente; elle-même désirant ardemment mourir, on n'était parvenu qu'avec beaucoup de peine à la décider à suivre les conseils de ses médecins. Le reste de sa vie ne fut guère plus qu'une préparation à la mort; l'exaltation grandissante de sa piété lui faisait apparaître sa fin comme une délivrance, et c'est avec une sérénité parfaite qu'elle la vit enfin arriver quatre ans plus tard.

Michel-Ange, alors âgé de soixante-douze ans, fut atterré par cette perte, dont il garda une impression ineffaçable. Ses idées mystiques, ainsi que son goût inné pour la solitude, prirent de plus en plus d'empire sur lui, et il songea même à se retirer dans un couvent pour y passer ses dernières années dans le calme et la contemplation. Un séjour qu'il fit en automne 1556 dans un ermitage des environs de Spolète lui laissa la nostalgie de cette vie paisible au milieu du silence de la nature. Pourtant il retourna à Rome, continuer jusqu'au bout son existence de travail, tout en vivant de plus en plus solitaire dans sa petite maison au Forum de Trajan. L'idée de la mort, qui lui était familière depuis longtemps, ne le quittait plus. « Non nasce in me pensiero che non vi sia dentro sculpita la morte (1) », écrit-il en 1555 dans une lettre à Vasari. De même que Vittoria Colonna, il attend la fin comme une délivrance; il est fatigué de la vie, et il aspire ardemment au repos définitif de l'au-delà.

> Or, lasso, alzo il pensier con l'alie e sprono
> Me stesso in piu sicura e nobil parte (2).

Ce sentiment revient à plusieurs reprises dans

----

(1) Il ne naît pas en moi une pensée où la mort ne soit gravée.

(2) Maintenant, fatigué, je donne des ailes à ma pensée (littéralement : « j'élève ma pensée avec des ailes »), et j'ai hâte de me transporter moi-même en un endroit plus sûr et plus noble.

ses dernières poésies, qui sont empreintes d'un mysticisme intense. Son corps lui-même, dont il décrit d'une manière burlesque la décrépitude et les infirmités, lui est à charge, d'autant plus que, avec sa passion pour la beauté, il a souffert toute sa vie de se savoir laid.

> Scarco d'un importuna e greve salma
> Signior mie caro, e dal mondo disciolto,
> Qual fragil legno a te stanco mi volto
> Da l'orribil procella in dolce calma (1).

« Dal mondo disciolto » — détaché du monde — c'est bien là l'expression qui caractérise le mieux, non seulement les dernières années, mais aussi plus ou moins toute l'existence de Michel-Ange. Nul plus que lui n'a connu l'isolement qui souvent accompagne le génie, mais nul n'a sacrifié plus volontiers que lui les plaisirs et les honneurs du monde à l'idéal qu'il s'était proposé.

-----

(1) Déchargé d'une dépouille importune et lourde, mon cher Seigneur, et détaché du monde, comme une barque fragile je me tourne lassé vers toi, de l'horrible tourmente dans le doux calme.

Rome, mars 1913.

Quand on parle de Michel-Ange, la coutume veut qu'on ne puisse se dispenser de nommer aussi Raphaël, pour opposer l'un à l'autre ceux que l'on considère comme les deux princes de la peinture. Au point de vue purement artistique, il y aurait évidemment des réserves à faire sur le bien-fondé de ce parallèle, et il serait certainement plus naturel de comparer l'auteur du Jugement dernier à Léonard de Vinci. Ce sont eux, en effet, les deux grandes forces originales et créatrices de la Renaissance italienne, tandis que Raphaël, qui a donné à celle-ci son expression peut-être la plus parfaite, en est l'aboutissant ou si l'on veut le couronnement. D'un génie moins personnel que ses deux rivaux en gloire, il a subi leur influence à tous deux, et l'on peut dire que sans eux il n'aurait sans doute pas atteint le niveau auquel il s'est élevé. Mais sa prodigieuse faculté d'assimilation lui permit de puiser aux principales sources artistiques de son temps sans rester dépendant d'aucune d'entre elles, et sans rien perdre de son individualité. Il est comme la synthèse de cette merveilleuse époque, dont il exprime si bien la quintessence qu'après lui il ne resta plus que l'alternative entre l'arrêt, suivi de l'inévitable décadence, ou le début d'une ère nouvelle.

Pourtant, quand on considère moins les œuvres que la vie et le caractère de Michel-Ange et de Raphaël, il est difficile de se représenter un contraste basé sur des différences plus fondamentales.

Le premier, farouche et solitaire, sans aucune de ces qualités aimables qui facilitent tant le succès dans ce monde, doit tout à lui-même. Son existence est une lutte continuelle pour tâcher de réaliser l'idéal surhumain que son génie titanesque lui montre; avec cela, il se voit obligé de consacrer une bonne partie de son temps et de ses forces à des travaux qu'il entreprend malgré lui, sacrifiant la sculpture, pour laquelle il se sent né, à la peinture, qui ne lui inspire que peu de goût, et dans laquelle il arrive pourtant à égaler les plus grands représentants de cet art.

Le second, sur le berceau duquel les fées semblent avoir répandu à pleines mains leurs dons les plus séduisants, voit dès sa jeunesse le succès couronner tout ce qu'il entreprend. Il est célèbre à vingt ans; à vingt-cinq, il passe pour l'émule des plus grands artistes de son temps; à trente ans, il est le chef incontesté de l'école romaine, et celui dans lequel ses contemporains saluent le premier peintre de l'Italie. La gloire et la fortune lui arrivent pour ainsi dire spontanément; l'aménité et la souplesse de son caractère, et la grâce naturelle de ses manières, le font aimer partout, si bien que l'envie elle-même se tait devant le charme qui émane de sa personne et de ses œuvres. Il semble n'avoir jamais, comme ses deux rivaux, connu le doute et l'hésitation qui paralysent parfois l'essor des plus grands génies; il suit toujours sa route avec la même sérénité, butinant comme l'abeille sur les fleurs d'art que la Renaissance a fait éclore, et dont il sait prendre et s'assimiler ce qu'elles offrent de mieux pour en composer le miel de ses suaves productions. Enfin, s'il est vrai que celui qui meurt jeune est aimé des dieux, il a encore cette chance suprême de quitter le monde à trente-sept ans, avant d'avoir éprouvé les inévitables désillusions de l'existence, et en laissant l'impression que, aussi parfaite qu'ait été son œuvre, il l'aurait surpassée encore s'il avait vécu davantage.

Raphaël n'a-t-il vraiment pas donné toute la mesure de son génie? C'est là une question naturellement impossible à résoudre. Ce qui caractérise sa vie aussi bien que ses peintures, c'est l'harmonie, la joie calme et pour ainsi dire céleste d'une âme éprise d'idéal qui sait conformer son existence à son rêve de beauté. Les admirables paysages de son pays natal et des environs de Pérouse, l'atmosphère de paix exquise que l'on respire parmi ces belles montagnes, le charme mystique des madones de l'école ombrienne qui furent ses premiers modèles, tout cela marqua de bonne heure son génie d'une empreinte ineffaçable. Plus tard, Florence avec son art plus fin et son esprit plus délié, et surtout Rome avec ses merveilleux souvenirs de l'antiquité, exercèrent une influence profonde sur lui; mais au fond il resta toujours avant tout un fils de la douce Ombrie, et c'est l'idéalisme rêveur puisé au pays de saint François qui donne leur charme essentiel à ses adorables peintures. Aurait-il été possible d'aller plus loin qu'il ne l'a fait dans la voie qu'il a suivie? Cela semble bien difficile. Pour s'élever plus haut encore, il aurait fallu ajouter à son œuvre un élément qui lui est étranger : la poésie de la passion et de la douleur, quelque chose de la puissance tragique et de l'intensité d'émotion que l'on trouve chez Michel-Ange. Mais il est douteux que sur ce terrain Raphaël eût pu égaler son formidable rival, et il vaut sans doute mieux pour sa gloire qu'il soit resté ce qu'il a été, le peintre incomparable de la pure beauté, dont le nom éveille uniquement des idées gracieuses de bonheur et de jeunesse.

Rome, avril 1913.

J'ai été aujourd'hui à la Farnésine, revoir les fameuses fresques de l'Amour et de Psyché, et, dois-je l'avouer? j'en suis revenu un peu déçu. Non pas que ces compositions, pleines de fraîcheur et de vie, m'aient paru en elles-mêmes moins admirables que par le passé; mais j'ai trouvé que les formes opulentes des personnages, et en général l'exubérance de toute cette peinture, n'étaient guère en rapport avec le caractère du mythe antique, tout de grâce délicate et légère. Raphaël semble s'être un peu trop inspiré de la vigueur de Michel-Ange là où un art plus subtil eût été mieux à sa place, et où l'on eût préféré le voir se rapprocher de la finesse de Léonard de Vinci. Il est d'ailleurs possible que, comme l'admet Taine, les élèves auxquels le Sanzio confia l'exécution de ces peintures aient parfois mis du leur dans la manière de reproduire ses cartons, et que ce soit eux plus que leur maître qu'il faille rendre responsables de ces Grâces « musclées comme des lutteurs », et de ces dieux ressemblant à de « robustes forgerons » : hypothèse vraisemblable lorsqu'on se souvient par exemple des fresques de Jules Romain à Mantoue.

Dans son Voyage en Italie, Goethe raconte qu'en se promenant un soir à Naples avec un de ses amis, il discutait avec lui la question de savoir à qui, de Michel-Ange ou de Raphaël, revenait la préséance. Lui-même, admirateur fervent du premier, au point d'écrire une fois qu'après ses œuvres la nature elle-même, qu'il ne pouvait voir d'une manière aussi grandiose (1) que lui, ne lui disait plus rien, avait pris son parti, tandis que son interlocuteur défendait le second. La discussion, sur laquelle le poète ne donne malheureusement aucun détail, se termina d'une manière assez imprévue par un éloge unanime de Léonard de Vinci.

Je me suis rappelé cette anecdote à la Farnésine, où le meilleur disciple de ce dernier, le Sodoma, a peint dans ses Noces d'Alexandre

______

(1) « mit so grossen Augen ».

et de Roxane un de ses plus séduisants chefs-d'œuvre; ét c'est aussi au maître de Milan que j'ai fini par songer, en regrettant que ce ne soit pas lui que Chigi ait chargé d'illustrer la jolie fable d'Apulée. Car le Vinci se trouvait précisément à Rome de 1513 à 1515, donc peu de temps après l'achèvement de l'élégante villa du Mécène siennois, et au moment où Raphaël commençait à y travailler en y peignant d'abord son Triomphe de Galathée.

L'auteur de la Joconde avait alors dépassé la soixantaine, mais, bien que physiquement vieilli, il était encore en pleine possession de son génie, comme le témoigne entre autres son délicieux Saint-Jean-Baptiste, exécuté à Amboise, donc après son séjour dans la Ville éternelle. Combien la ravissante figure juvénile du précurseur, où à la grâce plus vive de l'adolescent se mêle quelque chose de celle plus délicate de la jeune fille, et la séduction de l'énigmatique sourire particulier aux physionomies vinciennes, auraient convenu au charme mystérieux de la légende antique! Et Léonard lui-même eût certainement été vivement attiré par la poésie d'un pareil sujet. Il y a entre autres dans ses manuscrits une jolie page consacrée à « la belle île de Chypre, jadis royaume de la déesse Vénus », où il décrit d'une part ses douces collines, sa riche verdure et ses fleurs dont le parfum se répand au loin, de l'autre les écueils de ses côtes battues par les vagues sonores, sur lesquels viennent se briser les navires des marins imprudents qui se sont laissés fasciner par ce site enchanteur. Quels décors admirables il aurait pu tirer de là pour le conte d'Apulée, aussi bien dans ses scènes gracieuses que dans celles plus pathétiques !

D'un autre côté, le sens allégorique profond du mythe platonicien d'Éros et de Psyché n'aurait pas manqué de plaire à celui qui fut l'artiste-philosophe par excellence. La curiosité mêlée de crainte de l'inconnu qui poussa Psyché à enfreindre la défense de voir le visage de son divin époux fait songer à un passage où Léonard raconte qu'un jour, entraîné par une ardente envie (« bramosa voglia ») d'étudier les formes étranges et variées de rochers, il arriva, après avoir erré pendant quelque temps parmi ces derniers, à l'entrée d'une grande caverne ; s'étant penché vers l'intérieur de celle-ci pour voir s'il y discernerait quelque chose, il éprouva subitement, dit-il, deux sentiments distincts : la peur de la menaçante obscurité de la grotte, et, en même temps, le désir de voir

« s'il y avait là-dedans quelque chose miraculeuse ». Cette soif insatiable de savoir est caractéristique pour lui, et l'on ne saurait mieux se le représenter que comme il s'est dépeint lui-même, penché à l'entrée de la mystérieuse caverne, symbole du secret insondable de la nature; ou bien encore pareil à Psyché émerveillée contemplant les traits du dieu endormi.

Un des axiomes favoris du Vinci est que pour créer il faut avant tout connaître. Car, de même qu'en représentant la physionomie humaine il importe avant tout de rendre les sentiments et les pensées qui l'animent, le vrai peintre ne saurait se borner à donner l'image extérieure des choses; il doit au contraire s'efforcer d'en pénétrer le sens intime, au point que « son âme se transforme dans l'âme même de la nature ». Pour cela, il lui faut des connaissances universelles, et aucune science ne peut lui rester étrangère, chacune d'entre elles étant appelée à lui être utile en temps et lieu. Capable de représenter tout ce qui existe et même ce qui n'existe pas, le peintre « rivalise avec la nature » en créant pour ainsi dire le monde à nouveau, grâce aux données que ses sens ont fournies à son esprit et que celui-ci s'est assimilées pour en reproduire à son gré la substance.

L'auteur du Cenacolo étudie donc l'univers en savant, mais il en jouit en artiste. Rien ne vaut pour lui la contemplation des beautés que le monde offre à nos yeux, et c'est pour cela qu'il met la peinture au-dessus de tous les arts, sans en excepter la musique et même la poésie. « L'œil embrasse la beauté du monde entier », dit-il, et plus loin : « L'œil est la fenêtre du corps humain, par laquelle l'âme contemple la beauté du monde et en jouit; c'est pour cela qu'elle se contente de la prison humaine, qui sans cela serait son tourment. »

Le génie du peintre doit être selon lui pareil au miroir, qui, tout en restant immuable en lui-même, est toujours disposé à recevoir l'image des objets venant s'y mirer. En se conformant lui-même à ce précepte, Léonard de Vinci est le type accompli de l'artiste de la Renaissance, assistant en spectateur curieux mais impassible aux drames comme aux fêtes de cette terrible et superbe époque, sans laisser détourner son regard de l'idéal qui forme le but de son existence. La cour de Milan, qui doit à sa présence une grande partie de son prestige, ne l'éblouit pas plus par sa splendeur que la chute de Ludovic le More ne l'abat en ruinant les espérances qu'il avait fondées sur la protection de ce prince. Au fond, il était resté étranger à tout cela, ou plutôt il n'y avait vu que d'excellents sujets d'étude. Sa vie, c'était le calme de son cabinet de travail dans sa maison située hors ville, modeste, mais en rapport avec ses moyens comme avec ses goûts; car, disait-il, « les chambres ou habitations petites recueillent l'esprit, tandis que les grandes le distraient » (Le stanze ovvero abitazioni piccole ravvian lo 'ngegno, e le grandi lo sviano). Puis c'étaient aussi ses promenades solitaires dans les rues et dans les environs de Milan, au cours desquelles il notait ses observations sur le carnet qui ne le quittait jamais. « On ne s'appartient entièrement que quand on est seul », disait-il, insistant beaucoup dans ses manuscrits sur l'utilité de la solitude pour le peintre, rien ne devant distraire ce dernier quand il se livre à ses méditations, car son art est essentiellement « un travail de l'esprit » (« la pittura è mentale »), et selon une autre de ses expressions favorites, une « poésie muette ».

Chacun de ses tableaux a été pour Léonard un problème à la fois esthétique et psychologique, dont la solution l'intéressait plus que l'exécution technique, au point qu'il lui arrivait souvent de s'arrêter avant d'avoir achevé cette dernière. Il mûrissait longuement ses œuvres, consacrant des années à celles qui lui tenaient le plus à cœur, et ne cessant de vivre en idées avec elles, alors même qu'il semblait se laisser absorber entièrement par ses recherches scientifiques.

Rien n'est plus caractéristique à ce point de vue que la manière dont, selon Bandello, il travaillait à son Cenacolo. Il y vouait quelquefois des journées entières, sans quitter ses pinceaux et même sans prendre de nourriture. Puis il pouvait rester quelques jours sans s'en occuper, ou bien il passait tout au plus une heure ou deux à contempler son œuvre, mais sans y toucher. D'autres fois enfin, interrompant brusquement le travail auquel il se livrait ailleurs, il arrivait à l'improviste à Sa. Maria delle Grazie, montait sur l'échafaudage, donnait quelques coups de pinceau à l'une des figures, et s'en allait de nouveau comme il était venu. Le prieur du couvent s'impatientait de ces lenteurs et de ce qu'il considérait comme les caprices d'un esprit fantasque; mais Léonard le faisait se taire en le menaçant de le représenter dans la Cène sous les traits de Judas.

Et il consacra près de dix ans à cette œuvre, la plus parfaite que la peinture ait jamais produite, sans terminer même, dit-on, la tête du Christ, dont il désespérait de rendre comme il l'aurait voulu le caractère divin. Pourtant, bien qu'inachevée, cette dernière apparaît sublime de calme céleste et de suprême renoncement au milieu de l'émoi causé chez les apôtres par ces simples paroles : « Quelqu'un de vous me trahira. » Dans ce tableau admirable, où les sentiments divers qui animent les personnages ont été rendus avec une puissance dramatique et une science psychologique impossibles à surpasser, elle forme le centre d'où se répand un rayonnement de paix et de pardon; et le geste de tranquille résignation du Christ est bien celui du Dieu plein de miséricorde s'offrant volontairement en sacrifice pour une humanité dont il plaint les faiblesses plus qu'il n'en condamne les fautes.

L'état de délabrement dans lequel se trouve actuellement le Cenacolo n'empêche pas celui-ci de produire une impression profonde que sont loin d'atteindre les copies qui ont essayé de le reconstituer tel qu'il devait être primitivement. On en devine souvent les beautés plus qu'on ne les aperçoit réellement; mais en revanche ce manque de précision dans les détails contribue beaucoup à donner à l'ensemble cette espèce d'attrait plein de mystère qui nous dispose à voir les choses plus séduisantes encore qu'en réalité, parce que notre imagination leur prête un charme répondant à notre idéal personnel. Car s'il est vrai que, comme dit Léonard, l'artiste a une tendance naturelle à reproduire sa propre physionomie dans ses œuvres, il n'est pas moins certain que celui qui contemple celles-ci cherche instinctivement de son côté à y retrouver quelque chose de lui-même et de ce qu'il a vécu ou rêvé.

Aucun artiste n'a su comme le Vinci évoquer ce qu'il y a d'indéfinissable et d'inexprimé au fond de nous, et ses peintures ne ravissent pas seulement nos yeux par la perfection de la forme et par la magie des couleurs, mais elles captivent avant tout notre esprit par la profondeur et le charme irrésistible avec lesquels les problèmes infinis de l'âme humaine s'y trouvent posés. L'auteur du Cenacolo a vu dans l'étude de cette dernière le fondement même de son art, et, s'il ne s'est jamais bercé de l'illusion d'en pénétrer entièrement le secret, pas plus d'ailleurs que celui de la nature elle-même, cette préoccupation constante de l'insaisissable,

dont son œuvre comme sa vie portent l'empreinte, est la cause principale de la fascination
mystérieuse exercée par lui. A ce point de vue,
on ne saurait trouver de meilleur symbole pour
l'histoire de son génie que le mythe philosophique d'Éros et de Psyché : l'âme, d'essence
divine, mais prisonnière du corps, enflammée
du désir inassouvi de retourner à sa céleste
origine pour s'y abîmer dans la contemplation
éternelle des principes du Beau et du Vrai.

Rome, juin 1913.

A part le Palatin et le Capitole, aucune des sept collines de Rome n'a su conserver aussi bien son caractère particulier que l'Aventin. Mais, tandis que les deux premiers rappellent surtout l'antiquité, l'ancienne colline plébéienne n'a presque rien gardé de cette époque, et les maisons populaires qui la couvraient alors ont disparu sans laisser de traces. Ce qu'on trouve surtout dans ce quartier désert, avec ses vieilles églises et ses jardins entourés de murs délabrés, ce sont les souvenirs du Moyen Age, dans ce que cette période la moins bien connue de l'histoire romaine offre de plus mystérieusement fascinant.

Pendant les premiers siècles qui suivirent la chute de l'Empire, l'Aventin, où le premier couvent de Rome fut fondé au IVe siècle, dut sans doute présenter un aspect aussi délaissé

que maintenant. Puis, avec le début du x⁰ siècle, commença la période de sa plus grande
splendeur. La puissante famille des comtes de
Tusculum, ancêtres eux-mêmes des Colonna, y
possédait un château, demeure favorite du vain-
queur des Sarrasins à la bataille du Garigliano,
Albéric Iᵉʳ, et de sa femme, la belle et dissolue
Marozia. C'est là que naquit Albéric II, qui
gouverna Rome en maître absolu pendant plus
de vingt ans, faisant et défaisant les papes à
son gré. Puis, lorsqu'il alla demeurer plus tard
à peu près à l'endroit où se trouve le palais
Colonna actuel, Albéric II donna son château
de l'Aventin à Odon de Cluny, le réformateur
de l'ordre des Bénédictins, pour le convertir en
un couvent. Cet établissement, dont l'église,
Sainte-Marie-Aventine, existe encore, et fait
partie maintenant du prieuré de Malte, acquit
alors une grande renommée, qui fut encore dé-
passée peu après par celle du couvent voisin des
Saints-Alexis-et-Boniface, séjour favori de l'é-
vêque saint Adalbert de Prague, l'ami de l'empereur Othon III.

Des descriptions contemporaines nous montrent l'Aventin comme le quartier le plus bril-
lant de Rome à la fin du x⁰ siècle. Othon III y
avait établi sa résidence, et fait construire à

côté du couvent de Saint-Alexis un magnifique palais où il imita le luxe de la cour de Byzance. Ses barons suivirent son exemple, et la colline, dont le climat passait alors pour particulièrement sain, se couvrit d'habitations seigneuriales, tandis que les églises s'embellissaient grâce surtout aux libéralités impériales.

C'est une curieuse figure que celle de ce jeune souverain, que nous avons déjà rencontré à Venise lors de sa mystérieuse visite au doge Pietro Orseolo II en avril 1001. Fils d'une princesse byzantine, il se sentait plus Grec qu'Allemand, parlait avec facilité la langue de sa mère aussi bien que le latin, et passa la plus grande partie de son règne en Italie, le pays de ses rêves, qui l'attirait d'une manière irrésistible. Il était âgé de seize ans et déjà empereur lorsqu'il écrivit au savant archevêque Gerbert de Reims de venir achever son instruction, le priant de le débarrasser de ce qui pouvait lui rester de grossièreté saxonne pour développer en lui ce qu'il possédait de finesse grecque. Gerbert joignait à une vaste érudition, embrassant non seulement tout ce qu'on savait de l'antiquité à son époque, mais encore la science arabe, à laquelle il s'était initié lors d'un séjour fait pendant sa jeunesse en Espagne, un caractère ferme et un esprit d'une rare pénétration. Il avait donc toutes les qualités voulues pour être le digne précepteur d'un pareil élève, qui, malgré l'impulsivité de son tempérament, écoutait volontiers ses conseils, et lui témoigna sa reconnaissance en le faisant élire pape sous le nom de Sylvestre II. Le maître et le disciple, le pape français et l'empereur allemand, rêvèrent alors de régénérer ensemble le monde, concevant l'un le plan grandiose, qui devait se réaliser près d'un siècle plus tard dans les croisades, d'unir la chrétienté dans un effort unanime contre l'islamisme, l'autre, celui de rétablir l'empire d'occident avec Rome comme capitale.

Othon III, mort à vingt-deux ans, n'eut ni le temps ni la force d'exécuter ses vastes projets. Il avait pris Charlemagne comme modèle; mais ses plans lui étaient inspirés moins par l'ambition que par l'exaltation d'une imagination fantastique. Sa vive intelligence et la culture remarquable de son esprit ne l'empêchaient pas d'ailleurs de subir les idées de son époque, parfois même dans ce qu'elles avaient de plus extravagant. Le xe siècle avait été en général une période de profonde barbarie, où l'ignorance et le matérialisme brutal des mœurs semblaient devoir étouffer à tout jamais toute pensée élevée et tout sentiment généreux. Puis l'approche de l'an mille avait réveillé les consciences, en les frappant de la terreur superstitieuse causée par l'idée que ce moment allait amener la fin du monde. Comme c'est souvent le cas devant l'imminence, réelle ou présumée, de grandes catastrophes, les masses populaires, affolées, se laissaient aller aux extrêmes, soit de la pénitence, soit de l'étourdissement dans les plaisirs. Mais, à côté de cette foule inquiète et désemparée, un certain nombre d'esprits d'élite, se recueillant dans le silence et la solitude, attendaient avec calme l'événement fatal. Les vrais sages de cette triste époque étaient ceux qui, à l'exemple de saint Nil et de saint Romuald, menaient loin du monde la vie simple et paisible des anachorètes. Avec le mysticisme ardent qui formait le fond de son caractère, Othon était plein d'admiration pour eux, et plus d'une fois il fut tenté de les imiter, ainsi que l'avait fait une vingtaine d'années auparavant le doge de Venise Pietro Orseolo Ier. Il alla visiter saint Nil dans sa solitude près de Gaète, accepta les reproches que celui-ci ne craignit pas de lui adresser à propos des cruautés exercées en son nom contre Crescentius et ses partisans, et déposa même, dit-on, sa couronne impériale à ses pieds.

La rencontre du vieil ermite et du jeune empereur se trouve représentée dans les fresques célèbres dont le Dominiquin a orné l'église du couvent de Grottaferrata, fondé par saint Nil dans les Monts Albains l'année même de la mort d'Othon III. Dans sa manière de rendre cet épisode, l'artiste a très bien compris qu'il ne s'agissait pas là d'une scène dans le genre de celle de Canossa, car la situation d'Othon III vis-à-vis de l'Église était bien plus forte et plus indépendante que ne le fut moins d'un siècle plus tard celle d'Henri IV, et il ne fut pas question alors d'une humiliation de la puissance impériale devant le pouvoir spirituel, mais d'une déférence spontanée toute personnelle du jeune idéaliste couronné à l'égard d'un homme dont il reconnaissait la haute autorité morale. « Ces hommes, disait-il du saint et de ses compagnons en exprimant l'impression profonde produite sur lui par sa visite, sont véritablement citoyens du ciel, ils vivent sous des tentes comme étrangers à la terre. »

La mort d'Othon III est entourée, comme toute sa courte existence, d'une auréole de romantisme. Lors d'un voyage entrepris dans le courant de l'an mille en Allemagne, il se fit ouvrir le caveau de Charlemagne, à Aix-la-Chapelle, et trouva, selon la tradition, le grand empereur majestueusement assis sur son trône, la couronne en tête et le sceptre dans ses mains desséchées. Peu de temps après cette violation de sa tombe, le vieux souverain lui serait apparu en rêve pour lui annoncer sa fin prochaine et l'extinction de sa dynastie. Et moins de deux ans plus tard le jeune prince mourait dans un château solitaire de la Campagne romaine, assiégé par ses sujets italiens révoltés, pendant que ses envoyés étaient en route vers Constantinople pour y chercher la princesse byzantine qu'il devait épouser. Selon son désir, son corps fut ramené à Aix-la-Chapelle, et enterré près du tombeau du grand empereur dont il avait rêvé en vain d'égaler la puissance.

Le XIe siècle a été une époque de décadence pour l'Aventin, qui fut entièrement dévasté lors de la prise de Rome par Robert Guiscard en 1084. Pendant tout le siècle suivant, la colline resta à peu près déserte; puis, lorsqu'en 1216 le cardinal Cencio Savelli fut élu pape sous le nom d'Honorius III, commença pour elle une nouvelle période de splendeur. Les Savelli, alors une des familles romaines les plus puissantes, y possédaient un palais près de Sainte-Sabine, ainsi qu'un château-fort grâce auquel ils dominaient la rive gauche du Tibre. Ils tâchèrent de rendre à l'Aventin son ancienne importance, et surtout le second pape de la famille, Honorius IV, essaya par tous les moyens d'y attirer de nombreux habitants. Il en fit lui-même sa résidence, mais il y mourut en 1287, un an à peine après son élection, avant d'avoir pu réaliser entièrement ses projets. Après lui, la colline retomba dans la solitude où elle n'a plus cessé de rester depuis lors.

Le pontificat d'Honorius III correspond à l'une des époques les plus brillantes de l'histoire de l'Église au Moyen Age. Au point de vue extérieur, ce pape recueillit les fruits de l'habile et énergique politique de son grand prédécesseur Innocent III, qui avait su faire du Saint-Siège la première puissance de son temps. Honorius III put même se bercer un instant de l'illusion de voir le monde chrétien tout entier réuni sous son autorité, car non seulement l'empereur d'Allemagne Frédéric II, mais encore l'empereur de Byzance, Pierre de Courtenay, vint se faire couronner par lui à Rome.

L'importance de ces faits extérieurs disparaît toutefois devant celle plus grande et surtout plus durable des changements intérieurs survenus dans l'Église à cette époque. La fondation presque simultanée de l'ordre des dominicains et de celui des franciscains, confirmés solennellement tous deux par Honorius III, l'un en 1216, l'autre en 1223, a servi en effet de point de départ au mouvement religieux qui a non seulement régénéré alors le christianisme, mais qui a aussi préparé le terrain à la renaissance littéraire et artistique de l'Italie en créant le courant d'idéalisme dont les œuvres de Dante et de Giotto ont donné la plus haute expression.

L'Aventin, où Honorius III céda une partie de son palais à saint Dominique pour y établir un couvent, s'est trouvé intimement mêlé à ces événements, dont le souvenir y est encore vivant à l'heure actuelle. Les religieux dominicains qui desservent la basilique de Sainte-Sabine font voir la cellule, transformée plus tard en chapelle, où le saint passait les nuits en prières avec le « poverello » d'Assise; ils montrent aussi dans le jardin un vieil oranger planté, dit-on, par le fondateur de leur ordre. L'église voisine des Saints-Alexis-et-Boniface rappelle également Honorius III, qui l'a restaurée et consacrée, tandis qu'un peu plus loin celle de Saint-Sabas a conservé de charmants restes de l'architecture de cette époque.

Cette petite église de Saint-Sabas, si pittoresque avec son vieux porche et la galerie de sa façade, si intéressante aussi avec ses vieilles fresques byzantines, évoque dans son paisible isolement toute la rêveuse mélancolie de la vie claustrale pendant les premiers siècles du Moyen Age. Cette impression ne vous quitte plus, et, lorsqu'en suivant le chemin qui mène à Sainte-Sabine, on passe près de l'emplacement où se trouvait la maison habitée par Trajan avant son avènement au trône, on s'arrête moins qu'on ne le ferait sans doute ailleurs au souvenir du grand empereur. Puis, quand après avoir visité Sainte-Sabine et Saint-Alexis on arrive au prieuré de Malte, le dôme de Saint-Pierre, qu'on aperçoit, à travers un trou pratiqué dans la porte d'entrée, minuscule tout au bout de l'allée du jardin, apparaît comme une vision lointaine, comme un mirage qu'une distance considérable dans le temps et dans l'espace séparerait de tout ce qui vous entoure sur cet Aventin si franchement médiéval.

Tivoli, août 1913.

La crainte des chaleurs de l'été m'a décidé à suivre l'exemple d'Horace, et à venir demander pour quelques semaines un peu de fraîcheur aux montagnes de la Sabine. Comme c'est la première fois que j'ai quitté Rome depuis novembre dernier, je profite volontiers aussi du calme de la campagne pour faire un retour sur cette première année passée loin de l'Alsace. Non pas que j'aie jamais songé à regretter ma décision, mais il m'a semblé ne pouvoir porter de meilleur jugement sur mon existence actuelle qu'à la faveur de l'effet de recul dû à cette absence momentanée de la capitale. Ce retour sur moi-même m'a confirmé l'opportunité du parti que j'ai pris il y a un an, et ma vie depuis lors m'apparaît de plus en plus comme la seule qui puisse encore vraiment me convenir.

Je me sens en effet arrivé à cet état de félicité stable où le monde ne peut plus rien vous offrir de mieux que ce qu'on possède déjà en soi-même. On devrait croire que dans un état pareil l'idée d'une fin peut-être prochaine soit particulièrement pénible; mais ce n'est pas le cas. J'ai au contraire l'impression que ce qui vous attache le plus à l'existence, c'est l'espoir sans cesse renouvelé et sans cesse déçu d'un lendemain meilleur, tandis que de n'avoir plus rien à désirer, et d'avoir perdu d'autre part la curiosité de vivre, sont deux points essentiels pour diminuer la crainte de la mort. En admettant que ma vie actuelle dure assez longtemps, je pourrai dire comme Sulpicius Similis, ce préfet du prétoire sous Trajan et Hadrien qui, s'étant démis de ses fonctions pour passer tranquillement la fin de ses jours dans ses terres, fit graver sur sa tombe l'épitaphe suivante : « Ici repose Similis, qui exista tant et tant d'années, et en vécut sept. »

Ces mots ont plus de sens encore à une époque où l'humanité entière, de l'avis même des contemporains, avait retrouvé le bonheur tranquille de l'âge d'or. Ce n'était pas, il est vrai, le bonheur de l'enfance des peuples, celui de l'âge d'or chanté par les poètes, mais celui, durement acheté, d'une société ayant été éprouvée par des siècles de guerres et de bouleversements; celui que l'Empire apportait enfin aux nations réunies sous son sceptre, la paix romaine jointe aux charmes d'une civilisation qui formait l'expression sinon la plus accomplie, du moins la plus complète du génie antique. Et tout pouvait faire admettre alors que cet état de paisible félicité allait être durable, qu'il suffisait de continuer désormais dans la voie tracée par les successeurs de Nerva pour assurer à tout jamais la stabilité de l'Empire et la prospérité de ses sujets.

Je ne sais pas comment était la retraite où Similis a passé son heureuse vieillesse; mais j'aime à me la représenter comme ayant rappelé, dans des conditions plus modestes, la plus belle des villas romaines de cette époque, celle d'Hadrien près de Tivoli. Lui aussi, l'empereur infatigable qui avait consacré la plus grande partie de son règne à parcourir ses immenses États, il s'était proposé de couler tranquillement la fin de ses jours dans le culte des lettres et des arts. Il n'avait renoncé qu'à contre-cœur, par suite du mauvais état de sa santé, aux voyages qui l'avaient tant intéressé; mais en revanche il avait voulu se créer l'illusion de vivre encore, près de sa capitale, au milieu des pays qu'il avait le plus aimés. Sa villa tiburtine est la réalisation de ce rêve magnifique, où les monuments et les sites les plus pittoresques de la Grèce et de l'Égypte tenaient la plus grande place. Tout cela est en ruines maintenant, et en grande partie à peine reconnaissable, si bien que les archéologues sont loin d'être d'accord sur l'identification des divers édifices dont les fouilles ont permis d'étudier les restes. Tout au plus croit-on être sûr de l'emplacement de la voluptueuse Canope et du temple de Sérapis, et a-t-on reconnu avec vraisemblance la Vallée de Tempé dans un délicieux petit vallon situé du côté de la villa orienté vers les montagnes. Mais pour l'Académie, le Lycée, le Prytanée, on en est réduit à des conjectures, et même le portique considéré comme ayant représenté le Pœcile a donné lieu à des controverses. Et pourtant quelle fascination ces noms seuls, donnés par quelqu'un qui a vu ces monuments tels qu'ils étaient dans l'antiquité, exercent sur notre esprit !

La Villa Hadriana a eu la bonne fortune d'être délaissée peu après le temps où elle a été construite, et d'échapper ainsi à des trans-

formations ultérieures qui auraient pu en alté-
rer le caractère. Telle qu'elle est maintenant,
elle rappelle uniquement le souvenir de cette
séduisante époque, sur laquelle l'hellénisme
renaissant jetait pour la dernière fois son poétique reflet. On a appelé le siècle des Antonins
l'apothéose de l'antiquité. Peut-on rêver un
monument plus splendide de cette apothéose
que cet ensemble grandiose d'édifices où les
styles grec, égyptien et romain se rencontraient
pour offrir un abri digne d'elles à une foule
innombrable d'œuvres d'art et à des biblio-
thèques qui réunissaient tout ce que le génie
humain avait produit de plus remarquable jusqu'alors?

Le créateur de toutes ces merveilles avait
admirablement réussi à donner à son œuvre
son propre caractère; et son esprit fin et cultivé,
passionné de littérature et d'art grecs, et
curieux de choses rares et lointaines, y trouvait de quoi satisfaire les goûts qui lui étaient
restés de ses voyages d'autrefois. Mais il y
avait encore autre chose en lui. Épicurien
délicat et homme de plaisir dans sa vie privée,
il remplissait ses devoirs de souverain avec
la plus scrupuleuse conscience, et même ses
voyages, où il affrontait hardiment toutes les

fatigues et toutes les privations, avaient plus souvent pour but le bien de l'Empire que son propre agrément. Aucun détail de l'administration ne lui était étranger, et il s'appliqua surtout à réformer la législation, à laquelle il donna un caractère plus humain, se préoccupant aussi d'adoucir le sort des esclaves, que les anciens Romains étaient habitués à traiter avec tant de hautaine dureté. Il avait également le talent de distinguer chez les autres les qualités qui les rendaient dignes des fonctions publiques, et rien ne le prouve mieux que le choix de son successeur Antonin, auquel il imposa en même temps l'adoption de Marc-Aurèle, assurant ainsi pour près d'un demi-siècle le bonheur de l'Empire.

A première vue, il peut sembler extraordinaire que le fantasque, fier et ombrageux Hadrien ait offert le trône à quelqu'un dont le caractère différait autant du sien. En présentant au Sénat celui qu'il avait choisi comme son successeur, il fit ressortir non seulement son bon sens, son respect des lois, son expérience des affaires, mais aussi sa douceur et sa modestie, ajoutant que, bien qu'il sût combien il aurait préféré une vie tranquille, il espérait lui voir faire à lui-même et à l'État le sacrifice d'accepter la dignité impériale. Arrivé au trône, Antonin sut garder les qualités de caractère qui l'avaient distingué jusque-là, et, tout en gouvernant l'Empire d'une main ferme, il resta comme par le passé bienveillant et abordable pour tout le monde. Les quelques détails que nous possédons sur sa vie privée nous montrent celle-ci sous un aspect délicieusement patriarcal : c'est la simplicité des anciennes mœurs romaines, mais sans leur rudesse et leur morgue nationale. Il n'est donc pas étonnant que des exemples pareils venus de si haut aient exercé une grande influence sur les contemporains, et fait prévaloir un idéal d'humanité pour ainsi dire inconnu jusqu'alors à Rome.

Malheureusement, la ruine de l'Empire était irrémédiable, et le siècle des Antonins n'a été qu'un arrêt sur la pente fatale, une de ces périodes de calme heureux comme on en voit se produire parfois avant les grandes crises, chez les peuples et chez les hommes aussi bien que dans la nature. Telles peuvent être aussi les dernières années de la vie pour ceux qui savent les goûter sans leur demander ce qu'elles ne peuvent plus donner. Le charme du souvenir qui embellit toutes choses, l'absence des passions qui asservissent l'âme, la liberté intérieure que créent le détachement des intérêts terrestres et l'accoutumance à l'idée de la mort, — voilà, je me plais à le croire, ce qui aura fait le prix des sept années que Sulpicius Similis a passées dans la retraite, à une époque où tout autour de lui respirait le bonheur de la dernière période de paix et de prospérité dont le monde antique était appelé à jouir.

Rome, septembre 1913.

En revenant hier d'une visite à S. Pietro in Vincoli, je suis entré par hasard à Sainte-Pudentienne, dont le vieux campanile et la petite cour m'avaient attiré par leur charme tranquille. C'était, dit-on, la plus ancienne basilique de Rome; et le fait est que maintenant encore, malgré les différentes restaurations subies plus tard, elle a conservé, avec ses colonnes antiques et ses mosaïques du IVe siècle, un cachet exquis de christianisme primitif.

A mon sens, rien ne porte l'imagination à la rêverie comme le silence et la demi-obscurité de ces vieilles églises, et je suis resté longuement assis sur un banc de celle-ci, laissant libre cours à mes pensées, qui ne tardèrent pas à me transporter loin de l'endroit où je me trouvais.

Par une curieuse association d'idées, je

finis par me voir dans une autre petite église, où, par hasard aussi, je m'étais arrêté, dans une disposition d'esprit analogue, il y a un certain nombre d'années. C'était un dimanche soir à Crémone. J'avais passé la journée à visiter cette ville, qu'on a trop souvent le tort de négliger, car elle a produit avec les Boccaccini, les Campi, les Bembo et les Gatti une école de peinture digne de remarque, et de plus elle renferme d'intéressants monuments d'architecture, tels que l'un ou l'autre vieux palais, puis surtout un magnifique dôme roman et un bel hôtel de ville gothique, qui font de sa Piazza del Comune une des places les plus pittoresques de l'Italie du Nord. Finalement j'étais arrivé au bout de la Via Amati, à la petite place S. Abbondio, délicieusement éclairée par le soleil couchant. Un joli chant de voix d'enfants pénétrait par la porte entr'ouverte de l'église, et m'engagea à entrer dans celle-ci. L'office touchait à sa fin; mais, fatigué comme je l'étais, je restai encore un moment à me reposer sur un banc, continuant à entendre en imagination la fraîche et simple mélodie, dont quelques notes me reviennent encore maintenant.

C'était, sur cette impression musicale, une charmante fin de journée à Crémone. En somme, tout en y ayant trouvé plus que je ne m'y attendais au point de vue de la peinture et de l'architecture, ma visite dans cette ville avait été un peu une déception. J'y étais venu surtout pour rechercher les traces des grands luthiers qui ont illustré son nom, et j'avais dû m'y convaincre que presque plus rien n'y rappelle leur mémoire. Une petite salle du Museo civico renferme seulement quelques maigres souvenirs de Stradivarius : un fragment de son établi, sa pierre tombale, des vues de la maison qu'il habitait. Cette dernière, située au coin de la Piazza Roma actuelle, a été démolie, ainsi que l'église voisine des dominicains où il se trouvait enterré. Quant à ses rivaux en gloire, les Amati et les Guarnérius, il ne subsiste plus rien d'eux, si ce n'est leurs noms donnés à deux rues de la ville.

C'est en général un fait singulier que le mystère dont s'enveloppe la vie de presque tous les anciens luthiers italiens. De patientes recherches sont tout au plus arrivées à recueillir quelques renseignements sur celle des plus célèbres Crémonais, notamment sur Stradivarius, et sur leurs prédécesseurs brescians, l'inventeur du violon Gasparo da Salò et son élève Maggini, dont on voit encore la maison à Brescia. La plupart d'entre eux semblent avoir mené la vie paisible de modestes artisans, dont la personnalité s'effaçait derrière leurs œuvres, et dont l'histoire est avant tout celle de ces dernières. Leur carrière a été apparemment celle de gens heureux ayant borné leur ambition à l'exercice d'un art capable, comme peu d'autres, d'absorber leurs facultés sans les user, et dont l'existence n'est guère compliquée d'événements ayant pu attirer l'attention générale sur eux. Aussi la longévité de certains parmi eux est-elle remarquable : Stradivarius a atteint l'âge de quatre-vingt-treize ans, son maître Nicolas Amati celui de quatre-vingt-huit ans, et tous deux ont travaillé pour ainsi dire jusqu'à leur dernier jour.

Mais la pénurie des renseignements que les contemporains nous ont laissés sur les maîtres de la lutherie italienne ne prouve pas que la valeur de ceux-ci ait été méconnue de leur temps. La renommée de Stradivarius par exemple avait déjà de son vivant dépassé les frontières de son pays, et il se vit chargé de commandes pour la cour d'Angleterre, pour celle d'Espagne et pour celle de Pologne. Il y eut dès le XVIIIᵉ siècle des amateurs enthousiastes de ses œuvres ainsi que de celles de ses prédécesseurs et de ses élèves. Un gentilhomme piémontais, le comte Cozio di Salabue, consacra sa vie à réunir une admirable collection d'instruments à cordes, où toutes les écoles importantes d'Italie étaient dignement représentées; il acquit aussi en 1775, d'un des fils de Stradivarius, tous les outils et modèles dont l'illustre artiste s'était servi, et il rassembla en général tous les renseignements possibles sur l'histoire de la lutherie.

En France aussi, on ne tarda pas à se passionner pour les violons de Crémone, comme en fait foi entre autres le livre publié en 1806 par l'abbé Sibire sous le titre singulier de : « La Chélonomie ou le Parfait Luthier ». L'auteur s'était lié d'amitié avec Nicolas Lupot, dans l'atelier duquel il aimait à venir passer ses moments de loisirs, et ce sont en somme les théories de l'illustre luthier parisien qu'il expose, dans un style ampoulé, il est vrai, mais où se manifeste un enthousiasme sincère pour les chefs-d'œuvre des grands maîtres que son ami lui avait appris à apprécier. Nous voyons dans ce livre combien les noms des Stradivarius et des Guarnérius, et à plus forte raison ceux plus anciens des Amati, étaient déjà populaires en France à l'époque de la Révolution..., pas assez toutefois pour préserver de la destruction les célèbres vingt-quatre violons exécutés pour Charles IX par le fondateur de l'école de Crémone, André Amati, et conservés jusqu'en 1790 au palais de Versailles.

Mais l'amateur le plus étonnant de violons anciens, et celui qui contribua le plus à répandre en dehors de l'Italie la connaissance des chefs-d'œuvre de la lutherie crémonaise, est le fameux Luigi Tarisio. Simple menuisier, et sachant à peine lire et écrire, cet homme extraordinaire s'était passionné pour le violon, dont il ne jouait d'ailleurs que médiocrement. Ce qui l'intéressait avant tout, c'était la structure de cet instrument, et il ne négligeait aucune occasion d'étudier et de comparer entre eux tous ceux qui se trouvaient à sa portée. Doué d'un talent d'observation peu commun, il finit par se familiariser avec les styles des diverses écoles de lutherie; il abandonna alors son métier pour se livrer entièrement à sa passion dominante, et il se mit à parcourir l'Italie, en quête de vieux instruments de valeur.

A cette époque, c'est-à-dire pendant la première moitié du XIXᵉ siècle, une foule de violons anciens se trouvaient encore dispersés dans le pays, souvent entre les mains de personnes qui ne savaient aucunement les apprécier, et chez lesquelles on n'aurait pas songé à les chercher. Tarisio voyageait à pied, jouant du violon dans les rues pour gagner son pain. Dans les contrées qu'il traversait, aucun village, aucun couvent aussi écarté qu'il pût être n'échappait à ses investigations. La modicité de ses ressources l'obligeait à toutes sortes de stratagèmes pour arriver à ses fins : son moyen le plus habituel d'amadouer les paysans était de leur offrir des violons quelconques en parfait état en échange des violons anciens plus ou moins abîmés et injouables qu'ils possédaient. Dans les couvents, il proposait de réparer les vieux instruments conservés dans les chapelles, et, quand il ne réussissait pas à s'en rendre acquéreur, il se dédommageait en les étudiant à loisir et en augmentant ainsi son expérience.

Lorsqu'il eut réuni un nombre suffisant de violons de prix, il résolut d'en tirer parti, et, ne jugeant pas l'Italie d'alors un terrain assez favorable pour cela, il se décida hardiment à se rendre à Paris, à pied comme toujours. Là, il entra en relations avec le luthier Aldric, puis, lors d'un second voyage, avec Thibout, Chanot et surtout avec J.-B. Vuillaume, qui

tous accueillirent avec 'empressement les trésors que cet incomparable connaisseur leur
apportait. Plus tard, il visita aussi l'Angleterre;
on lui montra les plus belles collections de
violons du pays, et il émerveilla tout le monde
par la sûreté infaillible de son jugement.

Selon M. Georges Hart, qui parle longuement de lui dans son livre sur « Le Violon, les
luthiers célèbres et leurs imitateurs », Tarisio,
tout en vendant beaucoup d'instruments, restait
avant tout un collectionneur passionné, et il
ne se serait défait à aucun prix de ceux qu'il
aimait le plus. Les violons formaient le seul
but de son existence; il menait « la vie ascétique d'un ermite » dans son petit logement de
la Via Legnano, près de la Porte Tenaglia à
Milan, n'y laissant jamais entrer âme qui vive,
et le barricadant avec soin lorsqu'il partait
pour ses nombreux voyages. Comme il ne causait jamais avec personne, ses voisins ne s'oc-
cupaient guère de lui; pourtant, une fois qu'on
ne l'avait pas vu sortir depuis quelques jours,
on se décida à pénétrer de force chez lui, et
on le trouva étendu mort dans une pauvre
chambre, meublée seulement d'une table, d'une
chaise et d'un canapé, mais remplie de violons,
accrochés aux murs et même au plafond, ou

enfermés dans des boîtes empilées les unes sur les autres. Lorsque Vuillaume apprit cette nouvelle, il s'empressa d'accourir de Paris à Milan, et il acheta la collection entière, composée d'une centaine d'instruments tous remarquables, parmi lesquels entre autres le fameux « Messie » de Stradivarius, ayant appartenu anciennement au comte Cozio di Salabue, et admirablement conservé dans l'état même où il se trouvait en sortant des mains de son génial auteur.

L'existence de Tarisio, passée à parcourir cette belle Italie, à la poursuite d'un but idéal se renouvelant sans cesse une fois atteint, me semble avoir été celle d'un homme parfaitement heureux. Les œuvres d'art dans lesquelles il avait mis toute son âme sont d'ailleurs de celles qui portent en elles cet attrait mystérieux, ce quelque chose d'insondable qui attire peut-être plus que la perfection elle-même. Chaque violon de maître ancien a son individualité particulière : il est comme un être animé dans lequel on découvrirait toujours de nouveaux côtés attachants au fur et à mesure qu'on le connaîtrait mieux. Tous ceux qui l'ont joué, toutes les occasions, fêtes solennelles ou séances intimes de musique de chambre, dans lesquelles il s'est fait entendre, ont laissé à l'instrument une empreinte invisible, que l'imagination se complaît à rechercher, en y mêlant la note personnelle de ses propres impressions. Un air d'un des grands maîtres du XVIIIe siècle, exécuté sur un chef-d'œuvre crémonais de ce temps, est par exemple comme une évocation du limpide génie et de l'harmonieuse élégance de cette brillante époque, tandis qu'à l'émotion plus concentrée des périodes dramatiques du XVIe et du début du XVIIe siècle correspond la sonorité noble et grave des violons de la vieille école bresciane.

Je ne prétends pas que ce soient là précisément les sentiments qui ont animé Tarisio en face des trésors de sa collection, et il est même probable qu'il aura goûté avant tout dans ceux-ci la perfection de l'œuvre d'art qu'il avait si bien su comprendre et apprécier. Mais, quoi qu'il en soit, il a vu dans les merveilles de la lutherie ancienne ce que le monde pouvait lui offrir de plus digne d'intérêt, et, en vivant uniquement pour elles, il a réalisé pleinement le rêve de sa vie.

Rome, octobre 1913.

Je vais parfois, les matins où il est accessible au public, passer quelques moments dans le parc de la villa Médicis, généralement solitaire et tranquille, car les rares visiteurs qu'on y rencontre n'ont guère coutume de s'y arrêter. J'aime surtout la vue reposante dont on y jouit, du haut du mur vers la villa Borghèse, sur la route qui serpente dans le bas, blanche et pittoresque avec les gaies carrioles de l'Agro romano qui sont seules à y mettre un peu d'animation. C'est un délicieux endroit pour y rêver en paix, et j'envie les jeunes gens qui peuvent venir consacrer quelques-unes de leurs meilleures années à s'imprégner ici de la plus pure beauté classique et de la plus riche poésie de l'histoire, tout en prenant part, avec la faculté d'adaptation qui est un privilège de leur âge, à la vie romaine actuelle.

Que doit être Rome, vue ainsi à travers une imagination de vingt-cinq ans, avec cette fraîcheur d'impressions qui fait paraître tout plus vivant, plus coloré que plus tard ! Ce qu'est la splendeur d'une matinée de printemps au calme d'une soirée d'automne. Cette dernière peut être tout aussi belle, à certains égards même plus poétique encore, mais la beauté qu'on y goûte est moins dans les choses elles-mêmes que dans la disposition d'esprit de celui qui les contemple : dans la tranquillité ambiante, dans les souvenirs de la saison qui s'en va, dans le plaisir de jouir encore une fois des rayons bienfaisants du soleil. C'est une impression d'ensemble, magnifique comme l'harmonie de teintes des forêts prêtes à perdre leur parure; mais, quand on s'approche des détails, il n'y a plus guère que la tristesse des feuilles mortes, la mélancolie résignée de la nature dont la vie se retire, tandis qu'au printemps la joie de vivre éclate partout, dans chaque brin d'herbe et dans chaque fleur s'épanouissant à l'espoir des beaux jours qui vont suivre.

Que n'ai-je pu moi-même, la première fois que je suis venu à Rome avec l'enthousiasme de la jeunesse, m'y arrêter comme je le fais à présent ! Combien l'image que j'en aurais emportée pour toute mon existence eût été plus précise, plus vive que l'idée, sans doute un peu subjective, qui s'était formée peu à peu en moi, presque autant d'après mes lectures que d'après mes trop courtes visites! Maintenant, je n'aurais sans doute plus l'entrain nécessaire pour entreprendre une étude suivie et complète de cette ville inépuisable; et, si les traits principaux ne m'en étaient familiers de longue date, je me contenterais sans doute bien souvent d'un aperçu où seules les choses correspondant à mon état d'esprit actuel prendraient plus de relief. Mais heureusement mes impressions anciennes se réveillent pour ainsi dire à chaque pas pour se mêler à celles que j'éprouve actuellement, et m'empêchent de voir trop uniquement partout les teintes mélancoliques de l'automne. Mon regret de n'avoir jamais pu jusqu'ici consacrer plus de quelques semaines de suite à mes voyages en Italie ne m'empêche pas d'ailleurs d'être pénétré de tout ce qu'a été pour moi, non seulement ce que j'ai réellement connu, mais aussi ce que je n'ai fait qu'entrevoir ou même rêver de ce merveilleux pays; et, s'il est trop tard maaintenant pour profiter comme je l'aurais voulu d'un séjour prolongé ici, je me dis que, passé un certain âge, il importe moins de recevoir des impressions nouvelles que d'approfondir celles déjà reçues.

Rome, novembre 1913.

On a souvent relevé le fait que Rome, si riche en œuvres d'art remarquables, n'a guère produit elle-même d'artistes de premier ordre. Mais en revanche elle a eu de tout temps le don d'attirer les meilleurs d'entre ceux nés dans d'autres parties de l'Italie, et elle a exercé une influence considérable sur le développement du génie de plus d'un parmi eux. Certains chefs-d'œuvre semblent même avoir eu besoin de l'atmosphère romaine pour éclore, et l'on se représenterait entre autres difficilement les Chambres de Raphaël ou les fresques de Michel-Ange à la Chapelle Sixtine créées ailleurs que dans le cadre grandiose de la Ville éternelle. En se pénétrant intimement de tout ce dont l'étude approfondie de cette dernière pouvait enrichir leur imagination, ces deux grands peintres ont su donner sa plus haute expression à la Renaissance de l'art, et faire revivre la beauté antique, transformée par l'idéal chrétien et plus admirable que jamais, à l'endroit même où elle s'était manifestée dans son éclat le plus riche.

Mais, éclectique comme elle l'a toujours été, Rome n'a pas borné son choix aux artistes dont le génie correspondait à son propre caractère historique; elle a au contraire accueilli avec la même facilité ceux qui s'en écartaient, et elle a su respecter leur originalité.

Lorsqu'on se rend par exemple des Chambres de Raphaël à la Chapelle de Nicolas V, c'est comme si l'on entrait dans un autre monde. Après la classique perfection de la Renaissance à son apogée, c'est la naïveté délicieuse, bien qu'encore un peu gauche, de la première moitié du Quattrocento, et, après le culte à demi païen de la pure beauté, c'est le sentiment religieux chrétien dans toute sa mystique poésie. Non pas que l'Angelico soit resté indifférent au spectacle que lui offrait l'ancienne capitale du monde, et qu'il ait pu se soustraire entièrement à l'influence de cette ville complexe, qui reflète d'une manière si séduisante les éléments divers ayant contribué à former sa physionomie. On voit au contraire dans ses fresques de la Chapelle de

Nicolas V qu'il a su étudier avec fruit les monuments de l'architecture antique, et d'autre part qu'il s'est rapproché plus qu'il ne l'avait fait jusque-là de l'école réaliste des Masolino et des Masaccio, représentée à Rome par les peintures de l'église haute de S. Clemente. Mais, tout en sachant tenir compte des horizons nouveaux qui s'ouvraient ainsi devant lui, il resta avant tout fidèle jusqu'à la fin à l'idéal artistique et religieux de sa jeunesse, de même qu'à ses goûts pour la solitude et l'ascétique simplicité de la vie monastique.

L'absence de contact avec le monde extérieur peut amener des artistes de second ordre à se confiner dans une certaine routine, à laisser pour ainsi dire se figer leur talent. Mais chez des natures aussi richement douées que Fra Angelico, la possibilité que donne la solitude de concentrer d'une manière intense et continue toutes les facultés de l'esprit sur un objet déterminé exalte singulièrement la puissance créatrice. Sans que, à partir d'un certain âge du moins, il soit grandement besoin d'impressions nouvelles venues du dehors, l'imagination trouve abondamment dans son propre fonds de quoi former les visions qui l'occupent d'une manière constante, et qui finissent ainsi par prendre un degré de netteté extraordinaire. Dans ces conditions, il peut y avoir une certaine uniformité dans la nature des sujets imaginés, mais la manière de représenter ceux-ci revêt des nuances infinies, comme les aspects divers que prend un même paysage selon l'état du ciel qui l'éclaire.

Dans l'exaltation de ses rêveries mystiques, Fra Angelico a vraiment vécu les scènes qu'il a représentées. La gloire de la madone nimbée d'or, entourée de la foule brillante des élus et recevant des mains de son Fils la couronne des cieux; la béatitude des âmes bienheureuses et leurs rondes pleines d'une grâce paisible parmi les fleurs du Paradis lumineux; l'émotion contenue de la Vierge écoutant humblement, assise sous un portique au milieu d'un jardin printanier, les paroles que lui adresse l'archange envoyé pour lui annoncer le mystère de l'incarnation; la beauté rayonnante des anges, leur grâce candide et le charme divin de leurs célestes concerts : tout cela, son ardente imagination le lui a fait réellement voir et entendre, de même qu'elle l'a fait vraiment assister à la poignante tragédie de la passion du Christ, que, selon Vasari, il ne peignait jamais sans avoir « les joues baignées de larmes ». Il ne manquait jamais non plus de se mettre en prières avant de commencer son travail, et il ne retouchait aucune de ses peintures, car il voyait la volonté de Dieu dans l'inspiration qui les lui avait fait faire telles qu'elles étaient.

Il a été donné à peu d'artistes de vivre aussi entièrement pour leurs œuvres que l'Angelico. Il était entré dans l'ordre de Saint-Dominique non seulement par vocation religieuse, mais aussi parce qu'il pensait que le silence du cloître lui assurerait le mieux la tranquillité et la liberté complète de l'esprit, indispensables selon lui pour se vouer sans réserves à son art. Sa jeunesse s'était passée, loin des orages dont l'Italie était alors troublée, dans la paix des couvents de Cortone et de Fiesole. Le premier, situé aux confins de la Toscane et de l'Ombrie, avait de quoi inspirer son imagination, non seulement par la beauté du paysage environnant, mais aussi avant tout par la proximité du pays de saint François, où les poétiques souvenirs du « troubadour du Christ » et de ses compagnons étaient encore si vivants. Dans le second, l'aspect constant de la vallée où Florence s'étend, sous un ciel d'une incomparable pureté, au milieu d'un des sites les plus admirables du monde, lui rappelait tout ce que l'art de son temps devait à la patrie de Dante, et du « dolce stil nuovo » qui avait régénéré l'Italie au point de vue littéraire et préparé ainsi sa renaissance artistique.

Il est hors de doute en effet que les naïfs et pieux récits des Fioretti d'une part, les sublimes visions du Paradis dantesque de l'autre, ont exercé une influence profonde sur le moine-peintre, et les circonstances dans lesquelles il se sera pénétré de ces deux chefs-d'œuvre : à Cortone, aux abords du pays où s'est déroulée la touchante épopée franciscaine, à Fiesole, en face de la ville où le poète de la *Divine Comédie* a conçu le plan grandiose de son immortel poème, en auront encore rehaussé le prestige à ses yeux. Lorsqu'en 1436, à l'âge de quarante-neuf ans, il alla s'enfermer au couvent de Saint-Marc à Florence, son génie avait atteint toute sa maturité, et son imagination était imprégnée d'une foule d'idées et d'images accumulées dans le cours d'une jeunesse partagée entre le travail et la contemplation. Tout en vivant loin du monde, il n'avait d'ailleurs pas négligé d'étudier de son mieux les hommes et les choses qui se trouvaient à sa portée, et les détails pleins de naturel et de vérité dont ses peintures abondent montrent que ce rêveur mystique était doué d'un remarquable talent d'observation. Il n'avait donc qu'à puiser dans son propre fonds pour y trouver tous les éléments nécessaires à la création des scènes de l'histoire sainte dont il ornait les cellules de ses compagnons et les salles du couvent.

Les neuf années passées à Saint-Marc furent les plus fécondes de la carrière de Fra Angelico, et celles où il fut le plus vraiment lui-même. S'il put se décider plus tard à renoncer au calme de cette retraite selon ses goûts pour se rendre à Rome, ce ne fut certes pas par ambition, car il repoussa toujours les honneurs et les dignités, préférant, d'après Vasari, obéir que commander, et disant que la vraie richesse consiste à se contenter de peu. Mais, habitué à s'incliner devant la volonté de ses supérieurs, il avait cru ne pouvoir refuser les invitations qu'Eugène IV et Nicolas V lui adressèrent pour l'engager à venir travailler pour eux. Sans doute aussi lui importait-il peu de vivre à Rome ou en Toscane, pourvu que rien ne vînt troubler les extases où il s'abîmait dans la contemplation des visions célestes que son pinceau reproduisait. Se souciant peu des splendeurs de la cour pontificale, il se retira au couvent de Santa-Maria sopra Minerva, où il continua jusqu'à sa mort, autant que ses travaux au Vatican le lui permirent, l'existence simple et recueillie qu'il avait menée à Florence. Il exécuta pour l'église de ce couvent un tableau d'autel et une Annonciation qui ont disparu; mais, si plus rien n'y rappelle son activité artistique, sa pierre tombale évoque bien, parmi les riches monuments des papes qui l'entourent, l'image du moine modeste et pieux qui, selon son épitaphe, s'honorait moins d'avoir été « un autre Apelle » que d'avoir consacré l'œuvre de sa vie à la gloire de son Dieu.

Rome, Noël 1913.

Dans l'ancienne chapelle des Della Rovere à Santa Maria del Popolo se trouve une délicieuse fresque du Pinturicchio représentant l'Adoration de l'enfant Jésus. Au premier plan, devant une étable rustique où l'on aperçoit l'âne et le bœuf, la Vierge à genoux ainsi que des bergers adorent le bambino couché par terre, tandis que saint Joseph sommeille assis contre un arbre. A gauche, on voit le cortège des rois mages sur un chemin serpentant parmi des rochers, puis, plus haut, l'Annonciation faite par un ange à un pâtre entouré de son troupeau devant une cabane; enfin, dans le fond, une église avec son campanile, une rivière où l'on distingue une nacelle, un pont sur lequel passent des cavaliers, et, plus loin encore, des montagnes, sur l'une desquelles se dessinent les tours d'une ville.

La variété de ces sujets, qui n'empêche pas

d'ailleurs l'attention d'être retenue avant tout par la scène principale du premier plan, rappelle beaucoup ces jolies crèches qu'on expose à Noël dans les églises de l'Italie méridionale : paysages animés, scènes de la vie populaire, ou épisodes de l'histoire sainte, qui depuis des siècles y font l'admiration des fidèles. C'est la poésie de Noël comme on la sent dans ce pays de soleil, vivante et gaie. Mais, à côté de cela, il y a dans la fresque du Pinturicchio je ne sais quoi d'intime et de recueilli qui se rapproche de la manière dont nous sommes habitués, dans le calme de nos silencieux paysages d'hiver du nord, à concevoir cette plus touchante des fêtes chrétiennes. L'artiste a sans doute revu en imagination la douce paix de ses montagnes ombriennes, toutes pleines du souvenir de saint François ; et qui sait s'il n'a pas songé au Noël de Greccio, dont Thomas de Celano et saint Bonaventure nous ont laissé le naïf récit ?

En décembre 1223, saint François d'Assise, se trouvant à l'ermitage de Greccio près de Rieti, décida d'y célébrer la naissance du Christ avec une solennité particulière. Il fit préparer une belle crèche garnie de paille, près de laquelle on amena un âne et un bœuf, puis il convia les frères des monastères voisins ainsi que les paysans des environs. De tous côtés les pèlerins accoururent à son invitation, faisant retentir de leurs chants pieux la forêt environnante, illuminée par la lueur de leurs innombrables torches. Le saint les attendait en prières près de la crèche. Quand tout le monde fut réuni, on célébra la messe, où il lut lui-même l'Évangile en qualité de diacre; puis il prêcha sur la naissance de celui qu'il n'appela pas autrement ce soir-là que l' « enfant de Bethléem ». Son éloquence pleine à la fois d'enthousiasme et de simplicité produisit une impression extraordinaire dans ce milieu si bien en rapport avec la cérémonie. Sous le charme de cette voix vibrante d'émotion qui savait si bien dire les choses à leur portée, ces âmes naïves et facilement suggestibles eurent l'impression d'assister réellement à la scène évoquée devant elles, et le chevalier Jean de Greccio prétendit même avoir vu, sommeillant dans la crèche, un enfant vivant qui se serait réveillé au moment où le prédicateur se penchait vers lui, et qui lui aurait tendu les bras.

Thomas de Celano exprime naïvement le côté symbolique de cette vision en disant que l' « enfant Jésus, livré à l'oubli dans le cœur de beaucoup de gens, y fut ressuscité par saint

François ». Gracieuse image, bien faite pour caractériser l'activité tout entière du Poverello, la magie exercée par sa personnalité et l'exemple de sa vie aussi bien que la simple et candide poésie de sa parole, qui, mieux que n'importe quelle argumentation subtile, savait réveiller la foi endormie dans l'âme de ses contemporains, inconsciemment avides de croire et de se dévouer!

Et l'idée de Noël, la paix sur la terre, correspond si bien à l'essence même de l'œuvre de celui qui, toujours selon Thomas de Celano, ne commençait aucun sermon avant d'avoir imploré la paix de Dieu pour ses auditeurs, et qui ne manquait jamais de souhaiter celle-ci à chaque personne qu'il rencontrait! C'était du reste là un vœu loin d'être banal à cette époque tourmentée, où l'on savait trop ce que signifiait la guerre pour ne pas apprécier tout ce que le simple mot de paix renferme de bonheur. Car, selon le tableau célèbre tracé par Dante dans son invocation à sa malheureuse patrie « di dolore ostello », les villes italiennes du XIIIe siècle, en proie à d'innombrables tyrans, étaient ensanglantées par des combats incessants où les citoyens se déchiraient entre eux, et l'on aurait cherché en vain dans tout le pays un seul endroit épargné par ces luttes fratricides.

Saint François lui-même avait été mêlé pendant sa jeunesse aux dissensions qui divisaient alors sa ville natale, et amenèrent la guerre malheureuse contre Pérouse, au cours de laquelle il fut fait prisonnier. Et même plus tard encore, peu après sa libération, il fut tenté un instant de reprendre le métier des armes, en s'adjoignant à une expédition entreprise par un seigneur d'Assise pour rallier dans le sud de l'Italie l'armée que Gautier de Brienne levait au nom du pape Innocent III. Il s'était richement équipé dans ce but; mais, à peine arrivé à Spolète, il se ravisa brusquement et rentra chez lui à l'étonnement général de ses concitoyens. Il avait définitivement reconnu que là n'était pas sa véritable vocation : les côtés brillants et chevaleresques de la carrière militaire avaient bien pu le séduire un moment, mais une aversion invincible l'éloignait de ce que la guerre a de brutal et de cruel. Plein d'enthousiasme, il se sentait capable d'un dévoûment sans bornes pour la cause divine qu'un songe lui avait révélée comme étant la seule digne d'être servie; ce n'était toutefois pas par les armes qu'il se croyait appelé à la faire triompher, mais par les moyens pacifiques de l'apostolat.

La paix que saint François allait prêchant,

il la portait en lui-même : paix intérieure faite de candeur et de gai détachement des choses de ce monde. Il était arrivé à s'affranchir de tout ce qui retient l'homme à la terre, et l'indigence absolue à laquelle il s'était voué était le meilleur moyen pour lui de conserver son entière indépendance, l'absence de besoins rendant plus libre encore que la richesse (1). Ses noces mystiques avec la Pauvreté n'étaient pas seulement un acte d'abnégation évangélique, mais elles signifiaient pour lui son affranchissement complet, et la possibilité de servir sans entraves son idéal.

Sans se laisser retenir par aucune considération d'ordre matériel, et abandonnant à la Providence le soin de lui procurer le pain quotidien, il allait à l'aventure par les campagnes et les villes de l'Ombrie, des Marches et de la Toscane, là où son inspiration du moment ou même simplement le hasard le dirigeaient. Cette

---

(1) Summum ejus studium erat ab omnibus, quæ in mundo sunt, liber existere, ne vel ad horam contagione alicujus pulveris mentis ejus serenitas turbaretur. (Thomas de Celano, Vita prima.) (Il s'appliquait avant tout à rester indépendant de tout ce qu'il y a dans ce monde, afin que la sérénité de son âme ne fût pas troublée, même une heure seulement, par le contact d'une poussière quelconque.)

vie errante, telle qu'elle apparaît à travers les récits des Fioretti, rappelait celle des troubadours et des chevaliers; on y retrouve toute la poésie du Moyen Age dans ce qu'elle a de plus pur et de plus délicieusement naïf. Certes, elle était loin d'être exempte de tribulations de toutes sortes; mais aucun obstacle ne parvenait à décourager l'ardente foi de saint François. La gaîté qui formait le fond de sa nature lui faisait même supporter avec joie toutes les adversités comme toutes les humiliations; la tristesse lui semblait une faiblesse condamnable, qu'il ne tolérait pas plus chez ses disciples que chez lui-même. Les choses de ce monde avaient d'ailleurs trop peu d'importance à ses yeux pour arriver à troubler la sérénité de son âme. Et pourtant, tout en se considérant comme un simple passant sur la terre, il ne s'y trouvait pas en exil comme beaucoup de mystiques; mieux qu'aucun de ses contemporains, il savait goûter les beautés de la nature, et, vivant en contact permanent avec elle, il en subissait profondément le charme poétique. Nulle part il ne se sentait aussi près de Dieu que dans la solitude de ses montagnes ombriennes, où subsistent encore, dans toute leur primitive simplicité, quelques-uns des ermitages créés de son temps, et où, loin de tout bruit, il venait se retremper dans la calme méditation et puiser des forces pour les fatigues de son apostolat.

Il faut relire entre autres dans les Fioretti le récit de la fondation de l'ermitage du mont Alverne pour se rendre compte de la poésie dont s'entourait la rude existence des premiers franciscains. — Un jour que saint François, accompagné de frère Léon, se dirigeait de Spolète vers la Romagne, il passa près du château des comtes de Montefeltro. Ayant appris que, un des membres de cette famille devant être armé chevalier, on y célébrait une grande fête, et que beaucoup d'invités s'y trouvaient réunis, il résolut de s'y rendre. Devant tout ce monde rassemblé dans la cour du château, il prêcha avec tant d'éloquence que, disent les Fioretti, « on l'écoutait comme si un ange de Dieu parlait ». Le sujet qu'il avait choisi : « Tanto è quel bene che io aspetto, che ogni pena m'è dilecto » (1), était comme l'expression même de son idéal, où l'ardente aspiration vers l'au-delà n'excluait pas une riante acceptation de la vie terrestre, et il lui permettait de se laisser aller

---

(1) Le bonheur que j'attends est si grand, que toute peine m'est une joie.

à tout l'enthousiasme poétique qui caractérisait son génie. Un des assistants, un gentilhomme nommé Orlando di Chiusi, fut si touché qu'il lui offrit de lui donner le Mont Alverne (ou Mont de la Vernia, comme le nomment les Fioretti), qui se trouvait situé sur ses terres, et se prêtait admirablement par son isolement à l'établissement d'un lieu de retraite selon les goûts de saint François.

Ce dernier accepta volontiers cette offre, et, à peine de retour à Assise, il envoya deux de ses compagnons au seigneur de Chiusi, qui les reçut de la manière la plus courtoise, et les fit conduire à la Vernia avec une forte escorte armée. Là, les deux frères choisirent l'endroit qui leur parut le plus apte pour y installer l'ermitage projeté, et, à l'aide des hommes de l'escorte, ils y construisirent quelques cabanes en branches d'arbres. Puis ils rentrèrent rendre compte de leur mission à saint François, qui se réjouit beaucoup du bon succès de celle-ci, et résolut d'aller passer cette année-là (1224) le carême de Saint-Michel (1) à la Vernia.

La relation du voyage qu'il fit pour s'y ren-

____

(1) C'est-à-dire un jeûne de quarante jours précédant la Saint-Michel.

dre, en compagnie de frère Masseo, de frère
Ange et de frère Léon, donne, malgré le merveilleux qui s'y mêle, l'impression d'une image
prise sur le vif, aussi fidèle que pittoresque, de
l'existence aventureuse menée par le Poverello
et ses compagnons : c'est déjà le saint François
de la légende, mais vu par ceux qui vivaient
et qui sentaient comme lui. Sous la conduite de
frère Masseo, on se mit en route, sans se préoccuper ni de la nourriture, ni du gîte que l'on
trouverait, s'en rapportant au hasard pour
pourvoir à tout cela. La première nuit, on s'arrêta dans un ermitage franciscain rencontré en
chemin; mais le lendemain, malgré le mauvais
temps, il fallut se contenter de s'abriter dans
une vieille église abandonnée. Saint François
passa toute la nuit en prières; aussi, malade
comme il l'était déjà, il se sentit si fatigué au
matin qu'il lui fut impossible de marcher. Sur
la demande de ses compagnons, un pauvre paysan des environs lui prêta son âne, et consentit
volontiers à accompagner la petite caravane.
On commença à gravir ensemble la montagne;
lorsqu'on fut arrivé à mi-hauteur, il fallut s'arrêter, car la montée était si raide et la chaleur
si accablante que le paysan mourait de soif. Le
saint descendit alors de son âne et se mit en

oraison; bientôt une source d'eau fraîche jaillit d'un rocher voisin. Après s'être désaltéré, on continua la route, et l'on fit ensuite une nouvelle halte sous un chêne à peu de distance du sommet. Pendant qu'à l'ombre de cet arbre saint François contemplait le paysage, une foule d'oiseaux de diverses espèces se rassembla autour de lui, chantant et battant des ailes, et venant se poser sur ses pieds et sur ses genoux, voire même sur sa tête et sur ses épaules. Il en ressentit un vif plaisir, et il vit dans ce joyeux accueil de « ses frères et sœurs les oiseaux » un signe de ce que son arrivée à la Vernia était agréable à Dieu. Puis on continua le voyage jusqu'à l'endroit choisi précédemment par les deux religieux envoyés en mission auprès du seigneur de Chiusi.

A peine ce dernier apprit-il l'arrivée des frères à la Vernia, qu'il s'empressa de venir les saluer avec une suite nombreuse. En le remerciant vivement pour sa visite, saint François lui exprima de nouveau toute sa reconnaissance pour le don de la montagne. Quant à son offre de pourvoir aux besoins matériels de la petite communauté, il ne voulut pas le désobliger en la refusant; mais après le départ d'Orlando, il recommanda à ses compagnons d'y avoir recours le moins possible, « afin de ne pas offenser leur dame, la sainte Pauvreté, voie de perfection et gage de richesses éternelles ».

Il leur dit ensuite que, sentant sa mort prochaine, son intention était de vivre dans la solitude et de se recueillir en Dieu. Sur sa demande, on avait construit pour lui une petite hutte sous un hêtre, à une portée de pierre des autres cabanes. Mais bientôt il ne s'y sentit plus assez isolé, et il s'en fit faire une autre dans un endroit sauvage beaucoup plus éloigné, où sa seule société était celle d'un faucon qui avait son nid tout près de là, et qui venait le réveiller chaque nuit à l'heure des matines. Il partageait son temps entre la prière et la méditation, et de nombreuses visions venaient entretenir son exaltation mystique. Un jour qu'il suppliait Dieu de lui faire goûter par avance le bonheur des élus au Paradis, un ange lui apparut, tenant une viole dont, avec un seul coup d'archet, il tira des sons d'une telle suavité que saint François aurait senti son âme quitter son corps pour peu que cette musique céleste eût continué. Une autre nuit, un séraphin ailé lui apparut, cloué en croix comme le Christ, et si resplendissant que toute la montagne parut comme couverte de feu à des bergers qui gardaient leurs troupeaux dans la contrée, et que des muletiers logés dans une auberge des environs se levèrent long-temps avant le jour, croyant voir poindre le soleil. Quand cette vision se fut dissipée, saint François ressentit de violentes douleurs aux mains, aux pieds et au côté droit : c'étaient les stigmates, qui devaient ne plus le quitter, et qui contribuèrent tant à consacrer aux yeux de ses contemporains la sainteté de sa mission.

Lorsque après la fête de saint Michel le Po-verello redescendit de la Vernia, la nouvelle de ce miracle s'était répandue dans toute la con-trée; on accourut de tous côtés pour le voir, et son voyage, pour lequel, ne pouvant marcher, il dut de nouveau se servir d'un âne, fut un vé-ritable triomphe. En passant par Borgo San Sepolcro et par Città di Castello, où il s'arrêta un mois, il finit par arriver à Assise au début de l'hiver. Les fatigues de la route et la rigueur de la saison (il avait entre autres, après avoir quitté Città di Castello, passé une nuit de tourmente de neige en plein air, à l'abri d'un rocher), avaient encore altéré davantage sa santé. Mal-gré cela, l'année suivante, et même les premiers mois de l'année 1226, furent consacrés en partie à des voyages en Ombrie et dans les provinces voisines.

Saint François se souciait très peu de l'état de sa santé; selon les Fioretti, il savait très bien combien de temps lui restait encore à vivre, car il venait d'avoir eu à Foligno la révélation du moment de sa fin, en même temps que l'assurance de son salut éternel. Cette dernière certitude l'avait rempli d'une telle allégresse que, disait-il à ses compagnons, il lui était désormais impossible de pleurer, et qu'il ne pouvait plus que chanter les louanges de Dieu. Comme d'autre part il s'était déchargé de la direction de son ordre, il se sentait plus libre que jamais de tout lien le rattachant à la terre, et il pouvait se livrer sans arrière-pensée aucune à cette espèce de joie calme que sait donner l'accoutumance à l'idée de la mort.

C'est dans cet état d'esprit que saint François composa le Cantique du Soleil, qui est, dans sa sublime simplicité, peut-être la plus charmante expression poétique du sentiment religieux au Moyen Age. Il se trouvait alors à Saint-Damien, malade, mais entouré des soins dévoués de sainte Claire et de ses compagnes. Les souvenirs de son passé devaient lui revenir en foule à cet endroit qui avait vu les débuts de sa carrière, et qui avait toujours été dans la suite un de ses lieux de retraite favoris. Il songeait sans

doute à ses années de libre vie errante au milieu
de la splendide nature de son pays quand, dans
les strophes enthousiastes de son cantique, il
louait Dieu pour tout ce qu'il a fait de beau et
de bon dans ce monde : pour « notre mère la
terre », avec les belles fleurs dont elle s'orne et
les nombreux fruits qu'elle produit pour notre
nourriture; pour « notre frère le vent », pour
l' « air, soit nuageux, soit serein, et pour toute
espèce de temps »; pour « notre sœur l'eau »,
« très utile, humble, précieuse et chaste »; pour
« notre frère le feu », qui éclaire la nuit et qui est
« beau, joyeux et fort »; pour « nos sœurs la lune
et les étoiles », « claires, précieuses et belles »; et
surtout pour « notre frère le soleil », « beau et
rayonnant avec grande splendeur », et symbole
du Créateur lui-même. Il revoyait les longues
courses de village en village, sur les routes pou-
dreuses ou par les sentiers des montagnes ombriennes; les travaux des champs partagés avec
les paysans, qui en revanche donnaient aux
frères quelque chose de leur maigre pitance; les
prédications improvisées n'importe où en plein
air, et à la suite desquelles tant de malheureux
avaient trouvé la consolation, tant de pécheurs
repentants le repos de leur conscience; les nuits
passées au hasard du chemin, dans quelque ca-

bane abandonnée, sous le porche d'une église, voire même à la belle étoile; les délicieuses semaines de retraite dans le silence de quelque ermitage perdu au fond d'une forêt. Il songeait à ses fidèles compagnons lorsqu'il louait le Seigneur « pour ceux qui pardonnent par amour pour lui, et qui supportent les peines et les tribulations »; et quand il ajoutait : « Heureux ceux qui persévéreront dans la paix, car par toi, Très Haut, ils seront couronnés », il exprimait combien l'esprit pacifique était pour lui un élément essentiel de la perfection. Puis, en songeant à sa fin prochaine, il terminait en louant Dieu « pour notre sœur la mort corporelle, à laquelle aucun homme vivant ne peut échapper ». Il n'avait pas cherché cette dernière, car il lui était indifférent de vivre ou de mourir; mais il ne la craignait pas, n'y voyant rien d'effrayant pour ceux qui se conforment à la volonté divine.

Ses derniers jours furent empreints d'une sérénité sublime. Après avoir quitté Saint-Damien en septembre 1225, il avait repris pendant quelque temps sa vie errante, interrompue toutefois, eu égard à l'état de sa santé, par de longs séjours à Rieti et à Sienne; puis, au commencement de l'été 1226, il était revenu à Assise, où on lui avait préparé un logement à l'évêché.

Mais, ennemi de toute espèce de luxe, il avait fini, au bout de deux ou trois mois, par se sentir si peu à son aise dans ce palais, que, au moment où la fin semblait imminente, il s'était fait transporter à la Portioncule. Là, près de la forêt parée des magnifiques teintes de l'automne, dans une de ces pauvres cabanes entourant l'humble chapelle qui était devenue le centre de son ordre, il se retrouva lui-même; il mourut dans une atmosphère de tranquille poésie, bercé par la céleste musique des anges, qui déjà autrefois à la Vernia lui avait donné un avant-goût des félicités éternelles.

Rome, janvier 1914.

Il y a peu d'années encore, les archéologues étaient à peu près seuls à visiter les ruines d'Ostie. Maintenant, depuis qu'un service régulier d'automobiles permet de s'y rendre sans difficultés, les simples touristes sont de plus en plus nombreux à entreprendre cette intéressante excursion. Ce n'est toutefois pas encore l'affluence qui, comme à Pompéi par exemple, vient si souvent troubler le recueillement nécessaire pour bien goûter la poésie des ruines. On peut au contraire se promener tranquillement parmi ce qui reste des rues bordées de magasins ou des quais jadis ornés de palais et de jardins, pour y assister en imagination au défilé de la foule cosmopolite venue des diverses provinces de l'Empire, et à la vie populaire antique, dont les traces y sont plus vivantes qu'à Rome même.

On essaie alors de reconstituer l'endroit précis où s'est passé tel événement dont l'histoire nous a conservé le souvenir : épisode de la vie publique, ou bien scène plus intime, comme celles qu'a vues la maison où a logé saint Augustin en 387, avant son embarquement pour l'Afrique, et où est morte sainte Monique. C'est là que, appuyés à une fenêtre donnant sur un jardin non loin de l'embouchure du Tibre, la mère et le fils eurent cet admirable entretien sur la vie éternelle qui forme une des plus belles pages des « Confessions ». Seuls, loin des bruits de la foule, oublieux du passé et préoccupés seulement de l'avenir infini, ils s'élevèrent en pensées de plus en plus haut, au point, dit saint Augustin, de toucher un instant par un élan du cœur aux régions sublimes où la vie est la Sagesse. Un secret pressentiment de leur séparation prochaine les animait peut-être à ce moment, et sainte Monique, qui devait être enlevée deux semaines plus tard par une maladie de quelques jours seulement, se sentait sans doute déjà enveloppée par la mystérieuse poésie de la mort.

Tout accablé qu'il ait été au premier moment, Augustin ne crut mieux pouvoir honorer la mémoire de sa mère qu'en s'efforçant de supporter avec calme, « sans plaintes ni larmes », le coup terrible qui le frappait d'une manière aussi imprévue. La mort, loin d'être un malheur aux yeux de la sainte, avait été, en effet, la bienvenue pour elle, car, disait-elle, plus rien ne la retenait dans cette vie maintenant que son vœu le plus cher, celui de voir son fils partager ses croyances, était comblé. C'est dans l'espoir de voir ce désir enfin réalisé qu'elle était venue le rejoindre à Milan, malgré tout ce qu'il lui en avait coûté pour quitter sa patrie qu'elle ne devait plus jamais revoir. Elle avait assisté avec une joie secrète à la transformation progressive qui avait éloigné Augustin des théories manichéennes pour le rapprocher de plus en plus des idées représentées avec tant d'autorité par saint Ambroise. Puis elle avait vu comment son fils, pour pouvoir se vouer entièrement à la recherche de la vérité, avait renoncé à ses fonctions de rhéteur, et elle l'avait accompagné dans sa retraite de Cassiacum (1), où, à quelques lieues de Milan, il avait mené pendant sept mois, avec quelques élèves et amis, une existence d'études et de méditations, et trouvé, selon son expression, « le repos, l'affranchissement des désirs superflus et des choses périssables, la liberté de son souffle et son retour à lui-même ».

---

(1) ou Cassiciacum.

En lisant le récit de certaines journées passées dans la villa que Verecundus avait mise à
la disposition de la petite communauté, on ne
peut s'empêcher de songer aux entretiens de
Platon et de ses disciples dans les jardins d'A-
kadémos. Levés dès l'aube, les jeunes amis faisaient, après la prière du matin, leur promenade
quotidienne, puis ils venaient s'asseoir dans une
prairie à l'ombre d'un arbre, ou bien, en cas
de mauvais temps, dans une salle faisant partie
des bains de la villa, et ils discutaient les questions philosophiques qu'ils avaient choisies pour
être étudiées en commun. Ces séances, interrom-
pues seulement par les repas, se prolongeaient
souvent jusqu'à la nuit, et l'on était alors obligé
de prendre à la lueur d'une lampe les notes dans
lesquelles on fixait les phases principales des
discussions. Dans ces dernières, le ton enjoué de
la conversation se mêlait d'une façon naturelle
aux réflexions les plus élevées, qui elles-mêmes
étaient amenées parfois, selon la méthode so-
cratique, par la considération de simples faits
d'observation journalière. Une nuit par exemple qu'Augustin, selon son habitude, méditait
éveillé dans son lit, son attention fut attirée par
le bruit irrégulier que faisait un ruisseau voisin.
Pendant qu'il cherchait à s'expliquer ce phéno-

mène, dû évidemment à des feuilles mortes que l'eau entraînait avec elle, il s'aperçut que ses deux compagnons de chambre, Licentius et Trigétius, ne dormaient non plus, et il leur demanda leur avis. La discussion qui s'engagea à ce sujet, et qui dura jusqu'au matin, prit bientôt plus d'ampleur en s'étendant à l'examen des lois qui régissent l'univers; elle se continua les jours suivants, et les notes prises à ce moment furent l'origine des deux livres de l'Ordre publiés à cette époque. Sainte Monique avait pris part à quelques-uns de ces entretiens, et son fils se plaît à relever dans son ouvrage ce qui avait été dit lorsqu'elle était présente.

Pendant les tristes journées d'Ostie, saint Augustin songea sans doute plus d'une fois à ces moments de paisible félicité. Sa mère avait été pour lui le modèle d'une vie calme et heureuse passée dans l'accomplissement du devoir, dans le détachement complet des choses de ce monde et dans l'espoir inébranlable des béatitudes éternelles. Lors d'un des entretiens de Cassiacum, il l'avait louée de n'être effrayée par la crainte d'aucun événement fâcheux ni par l'horreur de la mort, montrant par là selon lui qu'elle avait pénétré « jusqu'au centre de la philosophie ». Sa fin avait été digne de sa vie, et la sérénité de son âme était restée parfaite jusqu'au dernier moment, ce qui faisait dire à son fils que non seulement elle ne mourait pas malheureuse, mais qu'en réalité même on ne pouvait parler chez elle de mort dans le sens attribué à ce mot par le commun des hommes.

La maladie de sa mère avait obligé saint Augustin à remettre ses projets de voyage; il se rendit d'Ostie à Rome, où il passa l'hiver, et il ne s'embarqua pour l'Afrique que l'été suivant. Là, il alla s'établir dans un endroit solitaire des environs de sa ville natale Thagaste, et il y mena pendant trois ans, avec ceux de ses disciples qui n'avaient pas voulu le quitter, la vie paisible et studieuse qu'ils avaient menée ensemble à Cassiacum. Lorsque au bout de ce temps il fut ordonné prêtre, il dut aller habiter Hippone, où il essaya de continuer autant que possible son existence retirée, avec ses compagnons qu'il avait réunis dans une espèce de communauté monastique. Mais il fut entraîné de plus en plus dans le tourbillon de la vie active, et les services qu'il rendit dans ses fonctions sacerdotales le firent choisir malgré lui comme évêque d'Hippone en 395, sept ans après son départ d'Italie.

Cette année 395, décisive pour saint Augustin, ne l'a pas été moins pour le monde entier, en marquant le commencement de la décadence définitive de l'Empire romain. Le gouvernement énergique de Théodose avait pu retarder la catastrophe, et faire croire un instant à un raffermissement du pouvoir impérial; mais après sa mort il n'y avait plus guère d'illusions à se faire sur la gravité irrémédiable de la situation. Les barbares, tenus en respect du vivant du grand empereur, se jetèrent avec avidité sur les provinces mal défendues et en partie même dégarnies de troupes : la Gaule, l'Espagne, la Bretagne furent à leur merci, et l'Italie elle-même finit par être envahie.

Saint Augustin suivait ces événements avec une profonde tristesse; pourtant il s'efforçait de ne pas désespérer de l'avenir du monde civilisé, et il employait toute son influence pour combattre le découragement qu'il voyait se propager autour de lui. Plus la situation devenait critique, plus il avait à cœur de consacrer le meilleur de son temps et de ses forces à la chose publique. L'idéal de Cassiacum, la vie contemplative vouée à l'étude et à la méditation, n'était plus depuis longtemps qu'un rêve pour lui. Toutefois, menant en dehors de ses fonctions épiscopales l'existence retirée d'un cénobite, il sut toujours faire respecter l'indépendance de sa vie privée, et trouver le temps de se retremper régulièrement dans la solitude et le recueillement.

On ne saurait s'expliquer autrement qu'il ait pu, au milieu de ses occupations diverses et des troubles ambiants, suffire à la tâche littéraire immense qu'il a fournie. Son œuvre principale, *La Cité de Dieu*, fut commencée sous l'impression de la prise de Rome par Alaric. Il y travailla pendant treize ans, jusque peu avant sa mort. En montrant à ses contemporains le royaume céleste en contraste avec les États terrestres désolés par les guerres et les calamités de toutes sortes, en leur donnant l'espoir d'une justice divine les dédommageant dans l'éternité des iniquités subies ici-bas, il les encourageait à supporter patiemment celles-ci, et il puisait lui-même dans ces visions d'un monde plus parfait l'énergie nécessaire pour ne pas faiblir à sa tâche. Les pires soucis au sujet de sa patrie ne lui furent pas épargnés; il vit les Vandales envahir et dévaster la province d'Afrique, puis assiéger même sa ville épiscopale d'Hippone. Les derniers mois de sa vie se passèrent dans les angoisses de ce siège terrible; malgré ses soixante-seize ans, il fit vaillamment son devoir jusqu'au bout, priant toutefois Dieu de l'enlever de ce monde si le désastre complet devenait inévitable.

Puis, au moment où il se sentit mourir, il voulut goûter encore une fois la douceur consolante de la méditation seul à seul avec lui-même, et il demanda que personne ne vînt le voir en dehors d'un court moment désigné pour chaque jour. Peu de temps auparavant, il avait eu le bonheur inattendu d'accueillir chez lui l'ami inséparable de sa jeunesse, Alype, alors évêque de Thagaste, qui avait cherché à Hippone un asile contre la férocité des barbares. C'était, dans ces journées tragiques, comme une évocation du séjour inoubliable de Cassiacum qui était venue répandre sur ses derniers instants la sereine poésie de cette lointaine époque, en lui rappelant, avec le souvenir de sa mère qu'il allait rejoindre, celui des moments de son existence où il s'était le mieux rapproché de son idéal.

Rome, février 1914.

Sur la Voie Nomentane, près de la basilique de Sainte-Agnès-hors-les-Murs, s'élève dans un petit jardin un vieux mausolée du IVe siècle, transformé plus tard en église sous le nom de Santa-Costanza. C'est là qu'avaient été inhumées les filles de Constantin : la femme de Gallus, Constantine, dont le sarcophage en porphyre rouge se trouve actuellement au musée du Vatican, et sa sœur cadette Hélène, la femme de Julien l'Apostat.

Il est rare de rencontrer, même indirectement, le souvenir de ce dernier à Rome, où il n'est jamais venu, suivant en cela l'exemple de son prédécesseur Constance, qui ne s'y était rendu pour la première fois que vingt ans après son avènement. Rien ne montre mieux qu'un fait pareil la déchéance de l'ancienne capitale de l'Empire, supplantée dès lors par Byzance.

Et pourtant Rome était toujours encore la ville incomparable, dont toutes les splendeurs de sa rivale orientale n'arrivaient pas à diminuer le prestige. Constance lui-même, malgré l'impassibilité qu'il avait coutume d'affecter en public, n'avait pu retenir son admiration, notamment à l'aspect du Forum de Trajan, dont il avait déclaré impossible d'atteindre jamais la sublime perfection. Sa suite, parmi laquelle se trouvait précisément sa sœur Hélène, avait partagé son enthousiasme, et le prince perse Hormisdas, à qui l'empereur demandait son impression, avait répondu que la seule chose qui le consolait de ne pas habiter toujours cette ville digne des dieux était de savoir que là aussi les hommes mouraient comme partout ailleurs.

S'il avait régné plus longtemps, Julien n'aurait sans doute pas tardé autant que son cousin à venir visiter Rome, dont personne n'était mieux fait que lui pour subir le charme. Le culte du passé était profondément gravé dans son âme, et c'est évidemment ce qui l'avait attaché tout d'abord à la religion païenne menacée de disparaître. Dès son enfance, il s'était épris de l'antiquité classique et de sa littérature, dont un vieux précepteur enthousiaste lui avait fait connaître les beautés. Lorsque plus tard il fut contraint de passer les années de son adolescence dans le palais solitaire de Macellum en Cappadoce, ce furent les poètes grecs, Homère surtout, dont les créations enchanteresses l'aidèrent à supporter les ennuis de ce triste séjour. Dans la suite, il se familiarisa avec les œuvres d'Aristote et de Platon, il entra en relations à Nicomédie, à Pergame et à Éphèse avec les principaux représentants de l'école néo-platonicienne, il vint enfin à Athènes, où il acheva de s'initier aux rites des anciens cultes helléniques. Le christianisme lui avait été rendu odieux par ceux-là mêmes qui avaient été chargés de lui en inculquer les principes : créatures de Constance, qui s'étaient servies de la religion comme d'un moyen pour étouffer l'indépendance de son esprit. Toujours entouré d'espions, toujours surveillé jusque dans ses moindres actes, il s'était replié sur lui-même, et il avait appris de bonne heure à cacher ses vrais sentiments ; en revanche, il s'était créé un monde idéal à lui, naturellement en opposition avec ce dont il avait eu tant à souffrir pendant ses années de réclusion à Macellum.

Son vieux précepteur lui avait appris à trouver dans les poètes anciens mieux que dans la réalité tout ce qui pouvait flatter son imagina-

tion : « Veux-tu assister à une course de chevaux ? lui disait-il entre autres, lis-en la description dans Homère. Veux-tu voir des danses ?
Celles des Phéaciens étaient d'un caractère bien
plus mâle que celles d'à présent. Représente-toi
aussi l'île de Calypso, les grottes de Circé et les
jardins d'Alcinoüs. » Julien n'oublia jamais ces
préceptes, et si le hasard de sa naissance ne
l'avait appelé au trône, il aurait sans doute
voué son existence entière au culte paisible de
la sagesse antique, comme ces philosophes
qui, représentants du génie d'un autre âge au
milieu d'un monde transformé, soutinrent pendant deux siècles encore l'école d'Athènes dans
les traditions de l'Académie platonicienne, jusqu'au moment où Justinien, leur retirant la sub-
vention de l'État qui leur permettait de vivre
tranquilles, les obligea à chercher un refuge en
Perse.

C'est certainement à regret qu'à l'âge de
vingt-quatre ans à peine le jeune prince quitta
ses chères études pour aller rejoindre l'armée
des Gaules qu'il devait commander. Toutefois,
bien qu'appelé au pouvoir contre son gré, il prit
à tâche de remplir consciencieusement ses devoirs de souverain, à l'exemple de Marc-Aurèle,
l'empereur philosophe qu'il avait choisi comme

modèle. Doué d'une vive intelligence et d'une puissance de travail extraordinaire, il se mit rapidement au courant des affaires, et le petit rhéteur dont on avait cru pouvoir se moquer à la cour de Constance étonna bientôt le monde en se révélant aussi grand capitaine qu'habile administrateur. Il n'avait pourtant pas cru devoir pour cela renoncer entièrement à ses études favorites, mais il n'y consacrait plus guère que ses moments de loisirs, passant à vrai dire quelquefois des nuits entières à lire et à écrire. Ses mœurs étaient d'une grande simplicité; il s'était habitué en Gaule à partager la rude vie de ses soldats, et il se plaisait encore plus tard, dans la molle Antioche, à se rappeler sa résidence favorite Lutèce, la petite île, plantée de vignes et de figuiers et reliée par des ponts de bois aux rives de la Seine, où il cherchait à s'accoutumer au climat nouveau pour lui en couchant dans une chambre non chauffée, au plus fort d'un hiver exceptionnellement rigoureux, pendant lequel le fleuve charriait des glaçons « comparables à des blocs de marbre phrygien ».

De l'aveu même de certains parmi ses adversaires, les intérêts de l'État formaient le principal souci de Julien, et, s'il fit tout son possible pour ramener ses sujets à la religion de leurs ancêtres, il y fut poussé surtout par la conviction que c'était là le seul moyen de conjurer la crise dans laquelle le monde romain se débattait. Sans partager en tous points la foi naïve des temps reculés qu'il regrettait, il croyait aux dieux de l'Olympe, et les sacrifices nombreux qu'il leur offrait lui semblaient nécessaires pour ramener leurs faveurs sur le monde dont ils s'étaient détournés, offensés de voir leur culte délaissé pour les croyances nouvelles.

Il n'était pas seul d'ailleurs à accuser le christianisme d'avoir causé la décadence de l'Empire, et encore plus d'un demi-siècle après sa mort cette opinion comptait assez de partisans pour que saint Augustin lui-même ait pris la peine de la réfuter dans sa *Cité de Dieu*. Toutefois, malgré la justice qu'il convient de rendre au caractère et aux intentions de Julien, il faut reconnaître que son erreur a été profonde. En réalité, l'Empire romain était condamné à la ruine bien avant que le christianisme ait joué un rôle dans l'État, et, comme l'ont relevé saint Augustin et bien d'autres après lui, son effondrement aurait sans doute été plus terrible encore sans l'influence des idées chrétiennes, à

laquelle les barbares eux-mêmes ne purent entièrement se soustraire.

D'autre part, les hommes du ive siècle
étaient plus portés aux spéculations mystiques
que sensibles aux gracieuses créations de la
mythologie hellénique, et la plupart des païens
eux-mêmes, ne voyant dans les dieux de l'O-
lympe que des êtres imaginaires issus du cerveau
des anciens poètes, cherchaient dans les cultes
de Mithra et d'Isis de quoi satisfaire leurs aspirations religieuses. Julien essaya de concilier
ces croyances exotiques avec les mythes helléniques dans l'adoration d'un dieu-soleil iden-
tifié avec Phébus-Apollon, mais il combattait
pour une cause perdue d'avance. En arrivant
au pouvoir, il était encore trop jeune pour savoir combien la vie et les hommes ressemblent
peu au monde idéal des poètes, et pour se rendre
compte qu'en cherchant à réaliser ici-bas ses
rêves on n'arrive souvent qu'à détruire leur
charme.

La tradition veut qu'en mourant, frappé
en pleine victoire au cours de cette campagne
de Perse si brillamment inaugurée, Julien ait
reconnu l'inanité de ses efforts en s'écriant : « Tu
as vaincu, Galiléen ! » L'authenticité de cette
apostrophe est douteuse ; il est toutefois pro-

bable que les déceptions éprouvées pendant ses deux années de règne auront fait comprendre au jeune empereur combien de difficultés de toutes sortes s'opposaient au retour de la religion païenne. Mais il était foncièrement idéaliste, et trop convaincu de l'excellence de sa cause pour admettre que celle-ci pût sombrer définitivement avec lui. Il n'est certainement pas mort en désespéré; au contraire, sa fin a été digne des héros antiques qu'il avait pris comme modèles. Ses derniers moments furent consacrés à des entretiens philosophiques, et, s'il faut en croire son ami le rhéteur Libanius, il aurait défendu à ceux qui l'entouraient de montrer leur tristesse, car il allait, disait-il, s'asseoir à la table des bienheureux, et il ne voulait pas être pleuré comme un homme qui aurait vécu digne du Tartare.

Quoi qu'il en soit, son œuvre ne lui survécut pas. Ce qu'il avait rêvé de faire renaître, la religion hellénique, n'était plus viable, même avec les modifications que la philosophie y avait apportées. Mais la foi de Julien dans l'immortalité du génie antique n'était pas vaine, car ce qu'il y avait de meilleur dans ce dernier devait refleurir une dizaine de siècles plus tard dans des chefs-d'œuvre dignes des plus beaux temps de

la Grèce, et le christianisme lui-même devait
rendre alors justice à l'admirable idéal artistique que les dieux de l'Olympe en disparaissant
avaient légué au monde.

Capri, mars 1914.

Par ce printemps radieux qui se réveille de toutes parts, je me suis senti pris d'une nostalgie invincible de l'antiquité lointaine, de l'époque où le soleil d'Homère brillait sur un monde encore débordant de jeunesse, et où l'imagination naïve des âges héroïques remplissait l'univers de merveilles sans nombre. Le ciel pur de la Grèce, sa mer étincelante semée d'îles aux pittoresques contours, ses montagnes où trônaient les dieux, que ne m'a-t-il été donné de voir tout cela !

Mais à quoi bon regretter ce qui ne serait plus à ma portée maintenant? En Italie aussi, il ne manque pas d'endroits où il suffit en quelque sorte d'étendre les mains pour retenir un moment le fantôme fuyant de l'antique Hellade; et c'est plus encore l'attrait des souvenirs ineffaçables laissés par la colonisation hellénique en Campanie que celui des beautés naturelles du pays qui m'a décidé cette fois-ci à venir passer quelques semaines dans les environs de Naples.

Ici à Capri, il vous semble parfois vivre en pleine Odyssée. Au coucher du soleil, quand le jour baissant donne aux rochers du rivage et à tout ce qu'on aperçoit sur la mer éternellement changeante un aspect de plus en plus vague et fantastique, on ressent quelque chose des impressions que devaient éprouver les navigateurs grecs des temps primitifs, lorsqu'ils abordaient dans ces parages avec l'imagination pleine des récits fabuleux d'Homère. Une barque de pêcheur apparaissant dans le lointain, c'est Leucothéa sortant des ondes avec le voile divin qu'elle apporte à Ulysse pour le sauver de la tempête qui menace de l'engloutir avec son radeau; les gigantesques Faraglioni rappellent des Cyclopes debout menaçants dans la mer; les grottes mystérieuses du rivage semblent toujours encore être peuplées de nymphes et avoir, comme celle d'Itha que, une entrée pour les mortels, une autre secrète pour les dieux.

Toute cette côte campanienne abonde en sites d'un pittoresque tantôt gracieux, tantôt terrible se prêtant admirablement à la légende, et il n'est pas étonnant que la tradition y ait placé le théâtre des aventures les plus extraordinaires d'Ulysse. Ainsi le promontoire de Circé passe pour avoir été autrefois l'île d'Aea, où s'élevaient le palais et les jardins magnifiques de la fameuse magicienne; non loin de là, sur le golfe de Gaète, se trouvait le pays habité par les anthropophages Lestrygons, et, près du lac Averne, celui des Cimmériens condamnés à vivre dans de perpétuelles ténèbres; Capri elle-même était le séjour des Sirènes, et formait comme le symbole de l'irrésistible séduction exercée par ces contrées enchanteresses.

Ses rochers aux formes fantastiques font de cette île le type des paysages insulaires de l'Odyssée. En refusant les chevaux que lui offrait Ménélas, Télémaque disait que sa patrie Ithaque, dépourvue de plaines et de vastes pâturages, était mieux faite pour nourrir des chèvres que des coursiers, et il ajoutait qu'elle ressemblait en cela « à toutes les îles qu'entoure la mer ». On peut donc se représenter ainsi la plupart de celles dont parle Homère, et si la plus grande d'entre elles, Schéria, semble faire exception, elle prend du moins ce caractère plus tard, lorsque Neptune, pour punir les Phéaciens de l'appui prêté par eux à Ulysse, entoure leur ville de hautes montagnes, et change en un rocher le vaisseau qui rentre au port après avoir ramené le héros dans ses foyers.

Au moment où le fils de Laërte y séjourne, l'île des Phéaciens est avant tout un pays riant et fertile qu'Homère se plaît à peindre sous les plus attrayantes couleurs. La plage sur laquelle se passe la gracieuse scène entre Ulysse et Nausicaa, le chemin qui mène de là à travers champs jusqu'à la ville, le bois sacré de Minerve où le héros s'arrête pour implorer sa divine protectrice, l'opulente végétation des jardins d'Alcinoüs avec leurs fraîches fontaines et leurs arbres toujours chargés de fruits, la capitale des Phéaciens avec ses murs et sa place ornée d'un temple de Neptune, ses ports et les nombreux vaisseaux qui s'y trouvent réunis, enfin le palais royal richement orné d'or, d'argent et d'airain, ainsi que de tapis magnifiquement tissés... tout cela est décrit avec un charme infini, de même que l'existence menée par ces paisibles navigateurs dans leur île située aux confins du monde, où rarement les étrangers se hasardent. C'est une délicieuse idylle qui permet à Ulysse de se ressaisir un moment, après ses traverses sur mer et avant les épreuves qui l'attendent dans sa patrie. L'atmosphère de calme bonheur qu'on respire à Schéria, l'hospitalité patriarcale avec laquelle on l'accueille l'attendrissent, et lorsqu'il entend le vieil aède aveugle Démodocus chanter la prise de Troie, il ne peut retenir ses larmes. Sur les instances du roi, il se fait alors connaître, et, poussé par le besoin de faire un retour sur sa vie passée autant que pour satisfaire la curiosité de ses hôtes, il entreprend de raconter ses aventures.

Pendant tout ce récit, on croit sentir l'émotion qui a saisi l'assemblée aux derniers accords de la lyre de Démodocus, quand Alcinoüs s'est aperçu de l'impression produite sur l'étranger, et qu'il a commandé à l'aède d'interrompre son chant. En prenant la parole, Ulysse est entièrement sous le charme de ce dernier, car, dit-il, il ne connaît rien de meilleur au monde que d'entendre dans un festin pareil la voix, égale à celle des dieux, d'un aède comme Démodocus. Il parle d'abord de sa patrie Ithaque, qu'il préfère malgré sa rudesse à la demeure la plus opulente sur une terre étrangère. Cet amour du sol natal ne l'a jamais quitté, même parmi les séductions que Calypso et Circé ont déployées pour le retenir auprès d'elles, et c'est l'espoir de rentrer dans ses foyers qui l'a soutenu au milieu des pires épreuves. En vrai Grec à l'esprit aventureux, il a observé avec curiosité les pays où le sort l'a jeté, mais ceux-ci ne sont pas arrivés à l'attacher d'une manière durable, et ses pensées le ramènent toujours à Ithaque, ou bien dans les plaines de Troie, où se sont passées les années héroïques de son existence.

Sur le conseil de Circé, il est descendu aux enfers pour consulter l'âme du devin Tirésias au sujet de son retour dans sa patrie. Il y a rencontré l'ombre de sa mère Anticlée, morte en pleurant sa longue absence; elle l'a renseigné sur la vie menée jusqu'alors par Pénélope, par Télémaque et par le vieux Laërte, accablé sous le poids de l'âge et de la douleur que lui cause l'incertitude sur le sort de son fils. Il a vu aussi les mânes de ses anciens compagnons d'armes Agamemnon, Achille, Patrocle, Ajax et Antiloque. Il s'est entretenu longuement avec les deux premiers, qui lui ont demandé des nouvelles de leurs fils; une émotion profonde l'a saisi en leur parlant, surtout en apprenant la fin tragique d'Agamemnon, et, fondant en larmes, il a essayé en vain de prendre dans ses bras l'ombre du malheureux fils d'Atrée. Il a tenté ensuite de se réconcilier avec Ajax, qui n'a jamais pu lui pardonner de lui avoir disputé avec succès les armes d'Achille, mais ce héros s'est éloigné sans répondre aux paroles cordiales qu'il lui a adressées.

Ces renseignements sur le sort des anciens combattants de la guerre de Troie intéressent vivement les Phéaciens, auxquels tous les détails de ces luttes épiques sont familiers. En général, les souvenirs de l'Iliade se retrouvent presque à chaque pas dans l'Odyssée, et prennent une grande place non seulement dans le chant consacré à la descente aux enfers, mais aussi dans ceux où sont relatés les voyages entrepris par Télémaque à Pylos et à Sparte, pour y recueillir auprès de Nestor et de Ménélas des nouvelles de son père. Ces évocations du passé répandent sur tout le poème une légère teinte de mélancolie qui en forme un des grands charmes. On sent d'ailleurs que le poète lui-même ne voit plus le monde tout à fait de la même manière que lorsqu'il composait l'Iliade; comme Ulysse, que l'Odyssée représente moins en demi-dieu qu'en simple mortel ayant vécu et souffert comme nous, il a subi l'influence des années et des expériences de la vie. C'est toujours encore la même conception riante des choses, la même joie de vivre, mais avec moins de fougue juvénile et plus de calme sérénité : l'idéal d'Homère s'incarne alors moins, semblet-il, dans la gloire des combats que dans l'existence paisible et heureuse des Phéaciens, embellie par les chants du divin aède. Lui-même s'est représenté, dit-on, dans Démodocus; comme pour ce dernier, le bonheur de sa vieillesse aura été de vivre parmi les poétiques créations dont son imagination était peuplée, et, privé de la vue des choses extérieures, il aura trouvé en lui-même plus de beauté que le monde entier ne pouvait en offrir aux yeux des autres hommes.

En recevant une lettre datée de la Cava,
tu te diras sans doute que je suis venu ici pour
visiter la célèbre abbaye de la Trinità, car tu
connais mon goût pour le calme de ces vieux
monastères bénédictins d'Italie, si pittoresque-
ment situés dans leurs solitaires paysages de
montagnes. Cette fois-ci pourtant, c'est une
autre solitude, non moins poétique et peut-être
plus grandiose encore, qui m'a attiré : celle des
ruines de l'antique Paestum, délaissées au milieu de la végétation luxuriante d'un pays ma-
récageux et ravagé par les fièvres. A part
quelques heures du milieu de la journée, où à
cette saison les touristes sont assez nombreux,
on n'y rencontre que de rares paysans culti-
vant le sol à l'aide de buffles à demi-sauvages;
et, dans cet isolement silencieux, les trois
temples grecs, qui seuls y élèvent leurs colonnes aux tons dorés par la patine des siècles,

produisent une impression profonde de tranquille majesté. De la ville elle-même il ne reste plus que peu de vestiges ; la mer qui jadis baignait ses murs s'est lentement retirée d'elle, lui laissant cette mélancolie caractéristique des anciens ports abandonnés par l'élément qui faisait autrefois leur prospérité. Seuls les vieux remparts subsistent, et c'est de là que le regard embrasse le mieux les temples qui, vus ainsi à une certaine distance, font oublier les spoliations qu'ils ont subies, et offrent encore le plus admirable ensemble architectural.

Vingt-cinq siècles se sont passés depuis que la ville de Poseidonia, devenue plus tard Paestum, a été fondée comme colonie de l'achéenne Sybaris. A cette époque, la Grande Grèce était à l'apogée de sa splendeur, et ses villes principales, riches et puissantes, comptaient parmi les foyers les plus importants de la civilisation hellénique.

Leur prestige s'accrut encore lorsque dans la seconde moitié du vie siècle Pythagore vint s'établir à Crotone. La renommée dont jouissait déjà le philosophe de Samos ne tarda pas à attirer auprès de lui de nombreux disciples, qui propagèrent à leur tour ses doctrines dans toute l'Italie méridionale. Comme le pythago-

risme ne se bornait pas à proclamer de nouvelles théories philosophiques, mais qu'il visait
à une réforme complète de la vie sociale et religieuse de son temps, il exerça une influence
qui domina peu à peu celle des autorités de
l'État dans la plupart des villes de la Grande
Grèce. Le mystère dont s'entouraient ses
adeptes, la simplicité de leurs mœurs, la sévère
discipline de leur vie en commun en imposaient
à la foule, et le respect presque superstitieux
inspiré par leurs institutions contribuait beaucoup à augmenter leur puissance.

Le vi[e] siècle appartenait à la période de
transition entre les temps héroïques de la Grèce
et l'ère de son apogée : époque que l'on a appelée du nom de Moyen Age hellénique. Les
esprits, à qui les conceptions naïves des temps
homériques ne suffisaient plus, étaient en proie
à une fermentation propice à l'éclosion d'idées
nouvelles; comme s'exprime un biographe moderne de Pythagore (1), la disposition générale
était « une disposition religieuse, se manifes-
tant par un goût de vie intérieure, de perfection morale, et par une tendance superstitieuse au merveilleux et au surnaturel, au

____

(1) M. Ed. Chaignet.

mysticisme dans les idées, à l'ascétisme dans la pratique ».

A ce point de vue, on ne peut donc nier une analogie frappante entre cette époque et le Moyen Age chrétien. Il est d'ailleurs intéressant de voir que, dans ces périodes où l'humanité cherche pour ainsi dire sa voie à travers des vicissitudes de toutes sortes, les préoccupations de l'au-delà, le besoin de se replier sur soi-même et la tendance à fuir les orages du monde se font remarquer d'une manière particulièrement fréquente. Le goût de la retraite et de la méditation a été très répandu au Moyen Age hellénique comme au Moyen Age chrétien, et Pythagore lui-même a vu dans la vie contemplative l'idéal de l'existence. Dans un entretien avec le tyran de Phlionthe Léon, relaté par Cicéron dans ses « Tusculanes », le philosophe de Samos comparait la vie humaine aux jeux olympiques où toute la Grèce accourait en foule, poussés les uns par l'attrait des honneurs à remporter dans les luttes athlétiques, les autres par la perspective de conclure à cette occasion des affaires commerciales lucratives, tandis que d'autres ne s'y rendaient que pour voir et entendre ce qui s'y passait. « De même, disait Pythagore, nous sommes tous, comme si nous étions venus d'une ville éloignée à une fête très fréquentée, transportés d'une autre existence dans cette vie où les hommes servent soit la gloire, soit l'argent; quelques-uns seulement, considérant tout le reste comme indifférent, s'appliquent à étudier la nature des choses, et sont appelés pour cela les philosophes, c'est-à-dire ceux qui cultivent la sagesse. Or, de même que dans ces fêtes le rôle le plus noble consiste à rester spectateur sans rechercher son propre avantage, de même dans la vie humaine la contemplation et l'étude du monde forment la plus élevée de toutes les occupations. »

L'existence que les pythagoriciens menaient dans leurs communautés correspondait à cet idéal. L'étude et la méditation philosophique en formaient le but essentiel; la modération en toutes choses, l'obéissance à la règle commune et l'habitude du silence étaient les moyens par lesquels les adeptes préparaient leur esprit à se détacher des préoccupations extérieures pour se vouer uniquement au culte de la sagesse. Un long noviciat précédait l'admission aux degrés supérieurs de l'Ordre, et seuls ceux qui en avaient été jugés dignes pendant ce temps d'épreuve étaient initiés aux principes essen-

tiels de la doctrine du maître, tenus soigneusement secrets pour tous les profanes. L'emploi
du temps était méticuleusement réglé pour
chaque jour. Le matin, après une prière, chacun
faisait dans le recueillement une promenade
solitaire dirigée de préférence vers des temples
ou vers des bois sacrés; on rentrait ensuite pour
se livrer aux études et aux travaux prescrits.
Vers le soir, une nouvelle promenade avait lieu
à deux ou trois frères ensemble, ce qui four-
nissait l'occasion de discuter les matières étudiées pendant la journée. Le repas du soir était
pris en commun par groupes d'une dizaine de
membres au plus; il était précédé d'un bain et
de sacrifices, et suivi de lectures faites à haute
voix par les plus jeunes, puis commentées par
les aînés de chaque groupe.

Les études des pythagoriciens n'embras-
saient pas seulement la théologie, la philosophie et les sciences exactes, mais aussi la poésie
et la musique; la danse et les exercices physiques avaient également leur place au pro-
gramme de l'école. Pythagore lui-même avait
une prédilection marquée pour la musique; il
chantait, en s'accompagnant de la lyre, des
hymnes de Thalès, d'Homère et d'Hésiode, et
trouvait que rien ne valait cet art pour guérir

les maux du corps et de l'âme, et pour conserver à cette dernière sa sérénité. Il était d'ailleurs d'une égalité d'humeur parfaite, ne voulant se rendre l'esclave ni du plaisir ni de la douleur; l'idée de la mort elle-même lui était familière, et il disait que le sage doit sortir de la vie comme d'un banquet, avec une attitude décente. En général, il acceptait la destinée comme étant envoyée par les dieux, et, s'il recommandait d'adorer ces derniers, il trouvait inutile de leur demander quoi que ce soit dans les prières, car ils sont seuls à savoir ce qui est bon pour l'homme, incapable de s'en rendre compte par lui-même.

Malgré cette tendance au fatalisme et ce goût prononcé pour la vie contemplative, le philosophe de Samos prit une part active aux affaires politiques de sa patrie d'adoption, et ses disciples jouèrent un rôle important dans la guerre victorieuse de Crotone contre Sybaris. Après la destruction de cette ville, les Crotoniates s'en partagèrent le territoire entre eux, et Pythagore en obtint une portion étendue pour y établir son école. C'est là qu'il vécut, loin de la foule et du bruit, les meilleures années de sa carrière, se vouant de plus en plus exclusivement à ses études favorites et à l'éducation de ses disciples. Mais le peuple de Crotone vit d'un œil jaloux le philosophe se détacher de lui; il imputa cet isolement à un orgueil dédaigneux, auquel son amour-propre blessé répondit bientôt par une haine implacable contre toute l'école, qu'on rendit responsable de toutes les injustices, réelles ou supposées, commises dans le partage des terres de Sybaris. Une émeute s'ensuivit, et les pythagoriciens furent obligés de quitter le territoire crotoniate; le maître lui-même se réfugia à Tarente, puis à Métaponte, où il mourut. Quant à ses disciples, ils se dispersèrent plus tard dans toutes les villes importantes de l'Italie méridionale, où leurs écoles continuèrent pendant plus d'un siècle encore à fournir à la Grande Grèce la plupart des hommes remarquables qui l'illustrèrent à ce moment; l'animosité dont ils avaient été l'objet fut oubliée d'autant plus vite qu'ils bornèrent désormais leur activité à leur rôle d'éducateurs et à leurs études philosophiques, sans plus essayer de jouer aucun rôle politique.

Tandis que j'admirais hier depuis les vieux remparts de Paestum les temples dont les harmonieux contours se dessinaient avec une netteté lumineuse sur le ciel bleu, mon imagination me reportait irrésistiblement à ces jours de splendeur de la Grande Grèce : Pythagore et ses disciples revivaient devant mes yeux, Poseidonia se confondait un instant pour moi avec sa métropole détruite, et je voyais les adeptes de l'Ordre se livrer à leurs promenades quotidiennes parmi les ruines, en se dirigeant, selon leur coutume, vers ce qui restait encore des sanctuaires de la ville disparue.

Puis je songeais aussi à ces moines de la Trinità di Cava, qui, près d'ici, mènent depuis bientôt neuf cents ans cette vie contemplative dont le philosophe de Samos avait fait son idéal, montrant qu'à travers vingt-cinq siècles de distance les aspirations vers l'au-delà sont restées les mêmes, et que le recueillement de la solitude n'a rien perdu de son attrait sur les âmes lassées du monde.

La Cava dei Tirreni, avril 1914.

Je n'ai pas voulu quitter la Cava sans aller passer une journée à Pompéi, excursion qui se fait aussi facilement depuis ici que depuis Naples. Mais, pas plus que lors de mes visites précédentes, je n'y ai trouvé la jouissance sans mélange que cette ville-musée soigneusement étiquetée, toujours trop pleine de visiteurs, m'avait refusée jusqu'ici. Quel contraste avec la sauvage solitude de Paestum! Là, c'est la poésie des ruines dans toute leur majestueuse mélancolie, ici, c'est avant tout la curiosité archéologique satisfaite comme nulle part ailleurs; là, l'évocation pour ainsi dire fantastique d'une des époques les plus mal connues, mais les plus attirantes dè l'histoire du génie hellénique, ici les traces précises permettant de faire revivre sous toutes ses faces, même les plus prosaïques, la vie de tous les jours d'une ville romaine au temps de Néron; là, quelques temples grecs ayant, seuls survivants de toute une cité florissante, su conserver, malgré les injures du temps et le vandalisme de siècles barbares, l'admirable squelette de leur architecture, ici, la foule des maisons privées ayant échappé, avec tous les détails de leur installation intérieure, à une catastrophe qui elle-même les a préservées de la destruction lente par la main des hommes; d'un côté, le domaine illimité du rêve, de l'autre, un champ inépuisable d'études exactes et minutieuses.

Il y a d'ailleurs autant de charme que d'intérêt à connaître ainsi par le menu l'existence ordinaire des anciens. La banalité n'en était pas plus absente que de la nôtre, mais ils s'entendaient mieux que nous à donner un cachet artistique à tout ce qui les entourait, et ils savaient aussi mieux que nous garantir leur vie privée contre l'envahissement du dehors. Un attrait principal de la maison antique consiste dans ce qu'elle formait comme un petit monde pour elle; les bruits de la rue n'y pénétraient qu'à peine, et, aucune fenêtre ne donnant sur cette dernière, celle-ci n'existait pour ainsi dire plus lorsqu'on avait franchi le seuil de sa demeure. Ces atriums, ces péristyles avec leurs portiques, leurs fontaines et leurs statues, ces

petits jardins clos, étaient de délicieux endroits
de repos bien faits pour venir se remettre des
fatigues de la vie publique; là, aucun objet
déplaisant ne choquait la vue, et, rien ne rappelant les agitations extérieures, on pouvait
vivre tranquillement pour soi.

Il se peut que les Pompéiens aient obéi,
dans la construction et dans l'agencement de
leurs maisons, à une tradition séculaire autant
qu'à un goût réel pour l'intimité de la vie de
famille. Mais il n'en est pas moins vrai que
vers le début de l'Empire un grand besoin de
repos s'était fait sentir, surtout dans les milieux plus cultivés de la société. On était las
des bouleversements continuels qui avaient
accompagné les derniers temps de la République, et l'on aspirait au calme, à la jouissance
paisible des biens de ce monde. L'idéal de
l'existence, tel qu'il apparaît dans les œuvres
des poètes du siècle d'Auguste, consistait dans
une tranquille retraite vouée, loin de la foule
et du bruit, aux plaisirs délicats et au culte des
Muses; c'était là le rêve de Virgile et de Ti-
bulle, c'était aussi le bonheur qu'Horace ne
cessait de préconiser dans ses vers, et qu'il
trouvait mieux que partout ailleurs dans sa
petite propriété des montagnes sabines.

Une ville de province comme Pompéi avait tout l'attrait de la campagne pour les Romains, grâce surtout à ces belles et vastes villas suburbaines, pourvues de grands jardins et jouissant, comme celle de Diomède, d'une vue étendue sur les environs. C'est sans doute aussi dans ce genre qu'il faut se représenter la villa de Cicéron, dont on a cru retrouver les ruines à peu de distance de la villa de Diomède. Le grand orateur semble avoir partagé le goût de ses contemporains pour la Campanie, car il y possédait plusieurs propriétés où il se plaisait à venir oublier, au milieu du calme de la nature, les tracas de la vie publique à Rome. Il séjourna toutefois moins souvent dans les environs de Naples que dans ses villas de Tusculum et d'Antium, plus proches de la capitale, et c'est dans celles-ci surtout qu'il passa les dernières années de son existence, lorsque les événements l'obligèrent à se retirer de la scène politique.

La vie champêtre était de l'avis de Cicéron celle qui convenait le mieux à la vieillesse, et la description des agréments de la campagne tient une grande place dans son « De Senectute ». Lorsqu'à l'apaisement que procure le contact permanent avec la nature vient se joindre le culte d'une saine philosophie, le vieillard n'a

selon lui rien à envier à la jeunesse, au contraire.
« Car, dit-il, tout âge peut être à charge à qui
ne sait pas puiser dans son propre fonds les
ressources nécessaires pour mener une vie
bonne et heureuse, tandis qu'aucune loi de la
nature ne semble un mal à ceux qui trouvent
tout leur bien en eux-mêmes. » — « Vivre en
soi-même », après s'être dégagé des liens que
forgent les passions et les ambitions, voilà en
quoi consiste pour Cicéron l'idéal de la vieillesse.
C'est dans ce même ordre d'idées qu'il dit dans
ses « Tusculanes » : « Lorsque nous détournons
notre esprit de la volupté, c'est-à-dire du corps,
de la chose publique et en général de toutes les
affaires, que faisons-nous si ce n'est rappeler
notre esprit à lui-même, l'obliger à rester pour
lui et le détacher autant que possible du corps?
Et de séparer ainsi l'esprit du corps n'est-ce
pas la même chose que d'apprendre à mourir? »
Or, selon Socrate, cité dans le même chapitre
des « Tusculanes », l'existence entière des philosophes n'est qu'une méditation de la mort, et
le sage devrait quitter cette vie comme font
les cygnes, qui expirent dans un chant plein
de volupté en pressentant, avec la faculté divi-
natoire qu'Apollon leur a conférée, tout ce
qu'il y a de bon dans la mort.

Dans ses œuvres philosophiques, Cicéron s'est inspiré de cet idéal. La philosophie avait toujours été pour lui « le guide de la vie »; il lui demandait moins la solution des problèmes de l'univers que des enseignements pratiques sur la manière d'arriver au bonheur par la sagesse. Dans sa jeunesse, il avait eu la bonne fortune de s'initier à ses préceptes à l'endroit même où cette science avait jeté son plus vif éclat, à Athènes, auprès d'un des meilleurs disciples de l'ancienne Académie. Les obligations de sa carrière politique n'avaient jamais réussi à le détourner entièrement de ces études; mais c'est seulement sur la fin de son existence qu'il s'y consacra d'une manière plus assidue, puisant dans les écrits des grands maîtres grecs la force de supporter avec sérénité les chagrins domestiques qui l'assaillirent alors, et les graves soucis que lui causaient les convulsions politiques dont sa patrie était ébranlée jusque dans ses fondements.

Ses dernières années furent vraiment d'un sage; et, lorsqu'il se promenait dans le parc ou sous les portiques de Tusculum en discutant avec ses amis sur la manière de vaincre les maux du corps et de l'âme, de se familiariser avec l'idée de la mort et d'arriver à la félicité éternelle, il devait sembler à ses auditeurs retrouver dans son éloquence une étincelle du génie divin des Socrate et des Platon. Et, en contemplant depuis la Strada dei Sepolcri de Pompéi le pittoresque paysage dominé par le Vésuve, je me plaisais à me représenter que tout près de là aussi avait eu lieu peut-être l'un ou l'autre de ces admirables entretiens.

Amalfi, mai 1914.

« On admet que le rivage de Reggio à Gaète
est la partie à peu près la plus plaisante de
l'Italie. C'est là que, tout près de Salerne, se
trouve, dominant la mer, une côte que les habitants ont appelée la côte d'Amalfi, et qui abonde
en petites villes, en jardins et en fontaines,
aussi bien qu'en hommes riches et aussi habiles
commerçants que qui que ce soit. Parmi les
villes susdites, il en est une nommée Ravello... »

C'est ainsi que Boccace décrivait au xive siècle cette charmante contrée, revêtue alors
encore d'un reste de la splendeur qui avait fait
d'Amalfi deux ou trois siècles auparavant un
des ports les plus opulents de la Méditerranée.
Il n'y a plus maintenant dans cette ville ni les
richesses ni le grand mouvement commercial
qui la distinguaient alors; mais la beauté du
paysage environnant et la poésie des souvenirs

qui s'y rattachent en font plus que jamais « la partie la plus plaisante de l'Italie ».

Les bords du golfe de l'antique Poseidonia, si séduisants dans l'éclatante lumière qui les baigne, ont fourni un cadre digne d'elle à l'une des plus prodigieuses épopées que l'histoire ait connues. En 1016, ils virent apparaître, selon le récit des vieilles chroniques, une nef amalfitaine portant quarante chevaliers normands revenus d'un pèlerinage en Terre-Sainte. Débarqués à Salerne, les étrangers furent accueillis par le duc Gaimar, qui les combla de prévenances et fit son possible pour leur faire oublier les fatigues du voyage. Les chevaliers ne savaient comment reconnaître les bontés de leur hôte, lorsque le hasard leur en fournit l'occasion. C'était le moment où les Sarrasins, qui avaient imposé un tribut annuel aux Salernitains, venaient en réclamer le paiement. Ils arrivèrent cette fois-ci avec une flotte nombreuse, et vingt mille des leurs vinrent camper sous les murs de la ville. Gaimar s'apprêtait à acquitter la rançon exigée lorsque les Normands, par la voix de leur chef Drogon, l'encouragèrent à la résistance; ils s'armèrent, et, entraînant par leur exemple l'élite de la population salernitaine, ils assaillirent à l'improviste le camp où les Sarrasins, sûrs d'un succès facile, se livraient aux plaisirs. La victoire fut complète; la plupart des ennemis périrent dans la bataille, et quelques-uns seulement purent rejoindre la flotte, qui se hâta de gagner le large. Gaimar, émerveillé de la valeur des Normands, essaya de les retenir auprès de lui, en leur offrant les plus magnifiques présents; mais les chevaliers répondirent simplement « qu'ils ne voulaient prendre mérite de deniers de ce qu'ils avaient fait pour l'amour de Dieu ». Ils ajoutèrent toutefois qu'ils seraient restés volontiers s'ils n'avaient été impatients de revoir leur patrie, et ils promirent d'envoyer à leur place d'autres hommes d'armes aussi braves qu'eux-mêmes.

Cette promesse ne tarda pas à être tenue. La munificence de Gaimar à l'égard de ses hôtes excita l'envie de leurs compatriotes, tout disposés par l'esprit aventureux de leur race à chercher la gloire et la fortune dans des pays lointains qui leur apparaissaient comme une terre promise à travers les récits merveilleux des compagnons de Drogon. Dès l'année suivante, une expédition commandée par les frères de Quarrel abordait en Campanie, et douze ans plus tard la fondation d'Aversa marquait l'établissement définitif des Normands en Italie. Puis vinrent les fils de Tancrède de Hauteville, qui en moins d'un demi-siècle surent se rendre maîtres de tout le pays au sud du Garigliano ainsi que de la Sicile, donnant au monde le spectacle extraordinaire de quelques milliers de chevaliers chassant pour toujours de ces contrées deux des plus puissantes nations de cette époque : les Grecs et les Arabes; puis menaçant même Byzance sur son propre territoire, et se faisant les défenseurs du pape Grégoire VII contre l'empereur d'Allemagne Henri IV.

C'était un magnifique prélude à l'époque héroïque des croisades que la fougue de ce peuple encore barbare, mais capable d'un généreux enthousiasme, mise au service de la grande idée chrétienne. Malgré la part que l'ambition et l'avidité peuvent avoir eue dans les conquêtes des Normands, on retrouve toujours chez eux quelque chose des sentiments chevaleresques qui inspiraient en 1016 la réponse de leur chef Drogon au duc de Salerne. Rien ne les caractérise mieux à ce point de vue que leur conduite à l'égard de notre compatriote alsacien le pape saint Léon IX. Vaincu par eux près de Civitella en 1053, ce pontife se réfugia dans cette ville, mais il en fut chassé par les habitants qui craignaient la vengeance de ses ennemis. A la vue de ce vieillard sans défense livré à leur merci, les chevaliers normands furent saisis d'une pitié mêlée de respect; ils se jetèrent à ses pieds en lui demandant sa bénédiction, puis ils l'escortèrent avec les marques de la plus profonde déférence jusqu'à Bénévent.

Le duché de Salerne tomba en 1076 au pouvoir des Normands, qui en avaient respecté jusque-là l'indépendance par égard pour leurs anciennes relations d'amitié avec ses seigneurs. Ce furent les Amalfitains qui leur fournirent l'occasion de s'emparer de cette vieille province lombarde en appelant Robert Guiscard à leur secours contre la tyrannie du duc Gisulfe. Cette contrée devint dès lors un des principaux centres de la puissance normande dans l'Italie méridionale, et en même temps une de celles qui ont le mieux conservé le caractère que lui imprimèrent les nouveaux conquérants. C'est à eux que les petites villes de la côte d'Amalfi, admirées par Boccace, doivent la plus grande partie de leur charme; Ravello, par exemple, fondée par eux, est par sa cathédrale, par son Palais Ruffolo, par la pittoresque fontaine de sa place, un admirable exemple de la manière dont ils surent adapter à leur propre idéal l'art des Arabes et des Byzantins.

Un des meilleurs souvenirs de mes premiers voyages en Italie est précisément celui d'une promenade en voiture, faite dans le calme d'une radieuse matinée de dimanche, à cette ancienne petite colonie normande, endormie comme dans un conte de fée parmi les rochers de la montagne au-dessus d'Amalfi. Je n'étais encore jamais venu dans cette contrée, et cette révélation de ce passé plein de poésie chevaleresque au milieu de ce paysage grandiose m'a laissé une impression d'un charme inexprimable; longtemps je n'avais même plus voulu retourner de ces côtés, dans la crainte de ne plus goûter peut-être aussi bien cette impression, qui dans ma mémoire était restée comme quelque chose d'unique et d'impossible à ressentir deux fois avec la même intensité.

Je loge ici à l'Albergo della Luna, ancien couvent transformé en hôtel. Les cellules des moines, qui s'ouvrent sur un exquis petit cloître entourant un jardinet, sont à peu près telles qu'elles devaient être jadis, et celle que j'habite n'offre sans doute guère plus de confort que du temps de ceux à qui elle était destinée primitivement. De l'autre côté de la route qui longe le mur de l'hôtel se trouve une de ces vieilles tours comme on en rencontre plus d'une encore sur ce littoral où elles servaient autrefois de défense contre les attaques des Sarrasins; puis ce sont les pittoresques rochers du rivage, et l'immensité bleue de la mer, si calme, si lumineuse sous les rayons du soleil couchant!

Toute cette admirable contrée a comme un tranquille air de fête, quelque chose de riant et de majestueux à la fois. On comprend ici mieux que partout ailleurs la séduction irrésistible qui a de tout temps attiré les hommes du nord vers le pays du soleil et de la lumière. La douceur du climat, les beautés et les richesses naturelles de ces régions privilégiées exercent un charme auquel il est impossible de se soustraire, et notre conception même de l'existence s'en ressent profondément. Goethe fait la remarque qu'un homme pauvre et paraissant misérable peut jouir ici de la vie aussi parfaitement que possible, et qu'un mendiant napolitain pourrait refuser avec raison l'honneur d'être gouverneur de la Sibérie. Il y a évidemment là une part d'exagération poétique; mais, devant l'insouciante simplicité de mœurs du peuple campanien, on peut se demander si vraiment il vaut la peine, comme nous le faisons chez nous, de sacrifier le meilleur de notre vie pour chercher à satisfaire des besoins plus ou moins factices et de vaines ambitions. « Nous faisons beaucoup trop de préparatifs pour vivre », dit encore Goethe dans un autre passage de son *Voyage en Italie*. Le fait est que ces préparatifs mêmes nous font trop souvent négliger de jouir à temps du bonheur qui se trouve à notre portée, et, lorsque nous nous croyons enfin prêts, il est bien des fois trop tard. Les exigences de nos climats du nord ne nous permettent évidemment pas l'heureuse insouciance des habitants du Midi; mais, à force de nous préoccuper de l'avenir, nous perdons trop facilement le présent de vue, et, en cherchant le bonheur en dehors de nous, nous oublions qu'il appartient avant tout à ceux qui, sachant borner leurs désirs et leurs ambitions, le demandent plus à eux-mêmes qu'aux choses extérieures.

Rome, mai 1914.

Rentré assez fatigué de mon voyage à Naples, j'ai dû garder la chambre pendant quelques jours, et depuis hier seulement j'ai recommencé à sortir.

Ma première promenade m'a conduit au Forum. Mais, je ne sais pas si c'était l'effet de la lassitude que j'éprouvais par cette tiède soirée de printemps, les souvenirs de la grandeur romaine ne m'ont jamais aussi peu touché que cette fois-ci. Après une courte promenade distraite parmi les ruines, je me suis assis sur une pierre dans l'Atrium de Vesta, à l'écart de la foule des visiteurs, et je suis longuement resté à jouir ainsi de l'influence qu'exerçaient sur moi

« L'ora del tempo e la dolce stagione. »

Plus qu'à ce qui m'entourait, je songeais aux merveilles du pays d'Amalfi et à son Moyen

Age presque légendaire, à l'attrait étrange de ces époques de rude héroïsme et de mysticisme rêveur, plus éloignées de nous en apparence que les temps si bien connus, et sous plus d'un rapport si semblables aux nôtres, de la civilisation romaine à son apogée.

Puis je me demandais comment l'idéal antique, si lumineux pourtant, avait pu s'effacer aussi complètement, et si c'était un mal ou un bien que la force inculte des barbares soit venue en aide au christianisme pour rendre plus radicale la transformation du monde vieilli. Aurait-il mieux valu que les anciennes institutions, tempérées par l'esprit chrétien, aient pu se maintenir, ou bien le progrès de l'humanité exigeait-il un pareil bouleversement? Question troublante, mais à laquelle l'histoire elle-même s'est chargée de répondre, en laissant subsister, à côté de l'Occident livré aux barbares, la partie orientale de l'empire romain, c'est-à-dire le foyer même de la civilisation antique. Le monde gréco-romain abandonné à lui-même s'est continué dans Byzance, et, sans l'invasion des barbares, les provinces de l'ouest auraient sans doute suivi la même voie que celles de l'est. Peut-être seraient-elles même devenues avant ces dernières la proie de l'islamisme; la stagnation musulmane aurait alors paralysé pour de longs siècles les progrès de l'Europe et du monde entier.

Mais si les nations plus jeunes et plus vigoureuses de l'Occident ont eu le mérite d'écarter ce danger ou du moins de le localiser, Byzance a joué un rôle non moins providentiel en servant d'asile à ce qui restait de la civilisation antique, en particulier au point de vue littéraire et artistique; elle a disparu au moment précis où l'Occident était devenu capable d'assumer lui-même la garde de ces trésors. En se chargeant de cette dernière, Constantinople ne s'était d'ailleurs pas bornée au rôle d'une simple intermédiaire; elle avait su donner à l'art surtout un caractère profondément original, dont le rôle dans le développement de la peinture en Italie a été fondamental.

Tandis que je me livrais à ces réflexions, l'arrivée de visiteurs bruyants m'obligea à quitter l'Atrium de Vesta où je m'étais établi, et le hasard voulut qu'en sortant de là je me sois trouvé tout à coup en présence d'un des plus remarquables exemples conservés à Rome de ce que l'art antique était devenu pendant les premiers siècles de la prédominance du christianisme. Sa. Maria Antica, la vieille

basilique découverte il y a quelques années
seulement dans les ruines de la bibliothèque du
palais d'Auguste, ne m'était encore connue que
par quelques publications sur l'art byzantin;
j'avais négligé d'aller la visiter jusqu'ici, et
voilà que je me voyais inopinément en face
de ses admirables fresques! Le calme de ces
ruines, situées un peu à l'écart des chemins
fréquentés ordinairement par le public, permet
de jouir tranquillement de ces peintures, qui
produisent d'autant plus d'impression qu'elles
forment à peu près le seul ornement de l'édifice. Je restai fasciné par ces figures graves
et mélancoliques, dont les grands yeux aux
regards fixes semblent vouloir dire tout ce qu'il
y a eu de tragique dans la destinée de ce peuple
byzantin, supportant jusqu'à en être accablé
le poids du lourd héritage de la grandeur
romaine. Il y a surtout dans l'abside des fragments de fresques appartenant à la période
la plus ancienne de la basilique, qui sont d'un
effet saisissant. C'est une Vierge d'une beauté
rayonnante, richement vêtue et trônant avec
son fils sur ses genoux; c'est la figure expres-
sive d'un personnage ayant sans doute fait
partie d'une Adoration des mages; c'est une
tête d'ange d'un charme exquis, que même un

Botticelli ne devait pas surpasser. On retrouve dans cette dernière la perfection de formes de l'art classique, avec déjà quelque chose de la suavité des primitifs italiens; c'est le symbole du génie hellénique venant apporter ses hommages à la Madone comme à celle qui sera désormais la principale inspiratrice de l'art chrétien.

Combien ne doit-il pas y avoir eu, dans la Byzance du IVe et du Ve siècle, de ces âmes qui, formées dans les traditions païennes, se sont converties à la nouvelle religion tout en conservant l'empreinte indélébile de leur éducation primitive, alliant les souvenirs du culte de la beauté antique aux aspirations mystiques de la foi chrétienne? La ravissante tête d'ange à demi païenne de Sa. Maria Antica m'a fait songer involontairement à la plus célèbre d'entre elles, à la gracieuse Athénaïs, cette fille d'un professeur à l'université d'Athènes, devenue en 421 impératrice sous le nom d'Eudocie. Élevée par son père dans le culte de la littérature et de la philosophie grecques, Athénaïs pouvait rivaliser avec ces femmes lettrées qui, comme les Hypatia, les Acdésia et les Asklépigéneia, faisaient par leur science l'admiration des gens cultivés de cette époque. Venue à

Constantinople après la mort de son père, elle séduisit par sa beauté et par son esprit le jeune empereur Théodose II, qui l'épousa. En montant sur le trône, la jeune femme, alors âgée de vingt et un ans, avait dû abjurer la foi païenne et se faire baptiser; mais, tout en devenant sincèrement chrétienne par la suite, elle ne renonça pas pour cela à ses goûts pour les études qui avaient charmé son adolescence. Lorsque, dix-sept ans après son mariage, en 438, elle entreprit un pèlerinage à Jérusalem, la vue des îles de l'Archipel et des colonies grecques de l'Asie Mineure réveilla en elle plus vifs que jamais les souvenirs de sa patrie et de sa jeunesse. A Antioche, elle réunit les principaux citoyens de la ville dans le palais du Sénat, et là, assise sur un trône d'or garni de pierreries, elle leur fit un panégyrique éloquent de leur pays, qui avait joué un rôle si éminent dans l'histoire de la civilisation hellénique; puis elle finit son discours par une réminiscence d'Homère, citant, avec une légère variante, le vers par lequel Glaucus termine son allocution à Diomède dans le sixième chant de l'*Iliade*. « Je me glorifie, dit-elle, d'être de votre race et de votre sang »; et certainement à ces mots un frisson d'enthousiasme dut faire frémir l'assemblée, si sensible encore aux beautés de la littérature classique.

Il ne faudrait toutefois pas conclure de là que l'impératrice et son auditoire aient eu l'idée de regretter réellement le passé dont ils venaient d'évoquer l'inoubliable image. Les habitants d'Antioche, tout en n'ayant pas renoncé aux mœurs faciles et à l'esprit frondeur qui les caractérisaient autrefois, étaient de zélés chrétiens, et ils avaient été entre autres, trois quarts de siècle auparavant, parmi les adversaires les plus acharnés de l'empereur Julien. Quant à Athénaïs, elle était devenue elle aussi une fervente adepte de la nouvelle religion. Sa conversion entière et définitive ne date pourtant sans doute que de son séjour à Jérusalem, et l'influence de cette ville fut décisive sur l'orientation de sa vie spirituelle à partir de ce moment. Lorsque après un an d'absence elle revint à Constantinople, un changement profond s'était opéré en elle, et bientôt la lourde main du malheur devait ajouter son empreinte à celle qu'avait laissée sur son âme son voyage en Terre-Sainte. Des intrigues de cour la brouillèrent avec l'empereur son mari, qui croyait avoir eu lieu (à tort, semble-t-il) de suspecter sa fidélité conjugale; elle tomba dans une disgrâce complète et finit par se décider à quitter la capitale.

L'endroit qu'Athénaïs choisit pour sa retraite fut précisément Jérusalem, où de si vivants souvenirs la rappelaient; et lorsque, quelques années plus tard, la mort de Théodose II eut de nouveau fait d'elle une simple particulière, elle ne songea plus à quitter la ville sainte. Oubliée désormais de ses anciens sujets byzantins, elle vécut ses dernières années dans le silence des couvents qui abondaient en Palestine, et qui avaient trouvé en elle une généreuse bienfaitrice. A côté de ses exercices de piété, elle était revenue au culte des belles-lettres qui avait charmé sa jeunesse. Il reste d'elle entre autres un poème où elle raconte la légende de saint Cyprien, et l'on a vu dans l'histoire de ce magicien, élevé dans l'adoration des dieux de la Grèce, puis converti au christianisme par l'exemple d'une jeune fille, et devenu plus tard évêque d'Antioche, un rapprochement avec ses propres destinées. Dans le second chant du poème, Cyprien parle de son enfance à Athènes, des cultes d'Apollon, de Mithra, de Cérès, de Minerve auxquels il prenait part, puis de voyages faits pendant sa jeunesse au Mont Olympe, à Argos, en Élide, à Sparte, de son initiation dans les arts magiques en Phrygie, en Égypte et en Chaldée, enfin de son arrivée à Antioche et de sa conversion. Dans le cours de ce récit, Athénaïs a certainement eu l'occasion d'évoquer plus d'un souvenir personnel; rien n'indique pourtant une velléité quelconque de retour à son passé païen, bien mort à ses yeux; Jérusalem avait définitivement remplacé Athènes dans son âme, et la Grèce antique n'était plus pour elle que comme un rêve d'enfance évanoui depuis longtemps.

L'histoire d'Athénaïs, c'est celle de l'âme byzantine des premiers siècles. La fille du professeur d'Athènes, élevée dans les pures traditions de l'hellénisme et morte en fervente chrétienne dans un couvent de Jérusalem, a connu toute l'évolution qui a amené les derniers disciples de Platon au pied de la croix. L'idéal antique n'avait plus de quoi remplir les âmes tourmentées d'inconnu et vaguement inquiètes des bouleversements que les temps nouveaux allaient apporter. Au delà de l'Olympe et de ses divinités que le génie grec avait modelées avec une netteté si lumineuse, on cherchait instinctivement le dieu nouveau, à la fois terrible et pitoyable, qui devait changer la face du monde. Les néo-platoniciens avaient bien essayé d'interpréter les mythes antiques d'une manière qui répondait aux aspirations de leur temps, mais leurs doctrines n'arrivaient pas à satisfaire des besoins religieux devenus de plus en plus intenses. Même ceux qui, comme saint Augustin, s'étaient pénétrés entièrement de la pensée antique, ne considéraient plus la philosophie hellénique que comme un degré imparfait de la connaissance du vrai, et jugeaient la foi chrétienne seule capable de fournir la solution complète des problèmes de l'univers, seule capable aussi de donner aux témoins des terribles catastrophes qui accompagnaient la désagrégation de l'empire romain la force de supporter les angoisses des temps.

Il y a dans les visages impénétrables et dans les regards profondément sérieux des vierges et des saints représentés sur les murs de Sa. Maria Antica quelque chose qui reflète les préoccupations de leur époque. Plus tard, l'art byzantin prendra un caractère de plus en plus hiératique; mais pendant les premiers siècles il a bien été l'expression vraie de sentiments réels et profonds, que nous devinons plus que nous n'arrivons à les connaître exactement : l'image de la transformation lente et progressive de l'âme antique sous la double influence du mysticisme chrétien avec sa nostalgie de l'au-delà, et d'une réalité brutale représentée par la ruée des barbares sur un monde qui n'avait plus l'énergie nécessaire pour résister victorieusement.

Rome, juin 1914.

Je me suis promené hier soir sur la Voie Appienne par un clair de lune féerique. La pureté de l'air, le silence de la campagne, la lumière blanche et douce qui permettait de voir les objets dans une demi-clarté mystérieuse, créaient une atmosphère de paix profonde et presque surnaturelle. Arrivé au tombeau de Cécilia Métella, j'ai quitté ma voiture et continué mon chemin à pied, voulant jouir seul des impressions éveillées en moi par ce spectacle unique.

Depuis les Monts Albains, dont les contours se détachaient sur le ciel, jusqu'aux tombeaux bordant la route, l'Agro Romano m'apparaissait dans son calme majestueux comme une vaste nécropole de la Rome antique, et l'idée de la mort, envisagée ainsi à travers les siècles, n'avait plus rien de lugubre ni de sévère. Jamais, au contraire, je n'avais senti aussi vivement la poésie sereine et reposante dont les anciens ont su l'entourer, et que l'art grec a rendue avec une si noble simplicité en lui donnant les traits d'un bel adolescent tenant d'un air pensif un flambeau renversé comme symbole de la vie éteinte. Thanatos, le génie de la Mort, est le frère jumeau du Sommeil; clément comme lui aux mortels fatigués de l'existence, il les affranchit des liens qui retiennent leur âme enchaînée ici-bas, et c'est ensemble qu'Homère leur fait emporter Sarpédon, tué par Patrocle devant Troie, vers sa patrie lycienne où il doit reposer après y avoir reçu les honneurs funèbres dus à son rang.

L'idée du repos éternel dans un sommeil sans fin, personnifiée dans Thanatos, se trouve exprimée plus poétiquement encore dans la fable d'Endymion, l'une des créations les plus exquises de la mythologie grecque. Pendant une de ses courses nocturnes au firmament, Diane, la déesse lunaire, aperçoit le jeune berger, fils d'un roi de l'Élide, endormi dans une grotte du Mont Latmos en Carie; séduite par sa beauté, elle descend de son char pour s'approcher de lui; puis elle vient le visiter chaque nuit durant son sommeil. Ne trouvant plus à son réveil celle qu'il croit ne lui être apparue qu'en songe, Endymion supplie Jupiter de lui accorder, avec la jeunesse impérissable, le sommeil éternel lui permettant de continuer indéfiniment son rêve enchanteur. Et depuis lors la déesse vient chaque nuit caresser de ses rayons le jeune berger endormi dans la grotte du Mont Latmos.

Lorsque les anciens représentaient ainsi la mort comme un sommeil infini charmé de rêves délicieux, ils obéissaient, plus qu'à une conviction réelle, à un besoin instinctif de rendre moins angoissant le profond mystère qui enveloppait pour eux l'au-delà. Selon les croyances romaines primitives, qui se modifièrent d'ailleurs plus tard sous l'influence d'éléments étrangers venus se mêler à elles, le défunt continuait à mener dans la tombe une espèce de vie latente lui permettant de s'intéresser dans une certaine mesure à ce qui se passe ici-bas; ainsi sa protection pouvait être aussi utile que son ressentiment était dangereux, tandis que d'autre part les soins qu'on donnait à sa sépulture lui étaient agréables, et les sacrifices qu'on lui offrait étaient même nécessaires à son bien-être. De là l'idée d'une espèce de communion persistante entre les morts et les vivants, idée touchante qui se reflète dans la coutume d'établir les sépultures le long des voies fréquentées, et dans les nombreuses épitaphes où le défunt adresse la parole aux passants. Car la religion romaine ancienne, au contraire de celle des Étrusques, voyait dans les mânes des êtres bons et purs, dont le sort n'avait rien de malheureux, et qui n'avaient aucune raison de nuire aux hommes lorsque ceux-ci leur rendaient les honneurs auxquels ils avaient droit.

Les esprits dans la Rome antique étaient donc tout préparés à adopter les légendes grecques représentant la mort et l'au-delà sous des couleurs poétiques. Mercure conduisant les âmes aux enfers, le voyage de celles-ci aux Iles Fortunées sur un vaisseau escorté de tritons et de néréides, la fable de l'Amour et de Psyché, le mythe de Cérès et de Proserpine, fournirent des sujets nombreux aux artistes chargés d'orner les tombeaux, tandis que d'autre part plus d'un bas-relief funéraire était inspiré par les légendes dionysiaques et orphiques.

Le culte de Dionysos, apporté de Thrace en Grèce, s'était dépouillé peu à peu de la sauvage frénésie qui le distinguait primitivement, et le génie hellénique en avait retenu ce qui formait son essence idéale, la croyance à l'immortalité de l'âme. Cette croyance était née d'un sentiment instinctif de révolte contre l'idée de l'anéantissement définitif dans la mort; vague aspiration mystique au début, elle forma plus tard la base des doctrines orphiques, qui se continuèrent dans le dogme pythagoricien de la métempsycose, et exercèrent une influence si considérable sur la philosophie de Platon.

Néanmoins, malgré l'accueil favorable que rencontrèrent chez les anciens ces théories de la vie future, l'au-delà resta toujours pour eux une énigme insondable. Tout disposé à envisager les problèmes d'outre-tombe par leur côté idéal, le clair génie de la Grèce s'était rendu compte de l'impossibilité d'y apporter une solution certaine, et, convaincu de l'impuissance du raisonnement pur, il avait appelé l'imagination à son secours pour essayer de lever un coin du voile qui recouvrait l'impénétrable mystère. Parmi les hypothèses les plus vraisemblables qui se présentaient à lui, il s'était tourné de préférence vers celles qui lui semblaient les plus séduisantes et pour cela les plus dignes d'être admises. Aussi Platon lui-même, lorsqu'il donne dans son Phédon une description du sort qui attend les âmes après la mort, ajoute-t-il que, même si l'exactitude de ce qu'il dit n'est pas démontrable, la chose vaut la peine d'y croire, et qu'il convient d'avoir un espoir pareil pour s'enchanter soi-même.

Les problèmes de la mort et de l'au-delà dépassent en effet les limites de l'entendement humain; la conception matérialiste, d'après laquelle tout serait fini avec la cessation de la vie du corps, semble, il est vrai, justifiée par les données actuelles des sciences biologiques, mais celles-ci sont elles-mêmes loin d'être immuables en tous points. Car, si nous avons réalisé des progrès incontestables dans la connaissance des lois qui régissent le fonctionnement des parties de l'univers accessibles à nos investigations, la science ne nous explique pas le principe fondamental de toutes choses, et il est d'ailleurs douteux que ce dernier puisse être conçu par l'intelligence humaine. Puisque nous ne pouvons pas nous empêcher de songer à la mort et de chercher une certitude que nous savons pourtant ne pas devoir trouver, pourquoi nous attrister en nous en représentant les côtés lugubres, qui peut-être ne sont qu'une apparence, et n'intéressent que le corps, c'est-à-dire quelque chose n'ayant sans doute désormais pas plus d'importance qu'un vêtement usé que l'on dépouille pour toujours? Pourquoi ne pas voir dans la cessation de la vie le côté consolant qui, même au point de vue des doctrines matérialistes, a toutes chances d'être réel : le repos éternel et la suppression définitive des souffrances d'ici-bas? Pourquoi aussi ne pas « nous enchanter nous-mêmes », comme dit Platon, en nous disant que, si la science ne permet pas de conclure à l'existence d'une âme immortelle, elle ne permet non plus d'en nier la possibilité d'une manière certaine, et que l'espoir séculaire de l'humanité dans une vie future meilleure n'est pas nécessairement une chimère?

En me livrant à ces réflexions, j'étais arrivé jusqu'au Casale Rotondo, l'imposant mausolée de Cotta, sur lequel, sans se préoccuper de la destination primitive du monument, les habitants de la Campagne ont élevé une petite maison entourée d'un jardinet. Avant de m'en retourner, je restai un long moment à jouir de la vue magnifique qui s'offre depuis là, et cette vie sur une tombe, en face du spectacle grandiose de l'Agro Romano, me semblait la plus belle négation des épouvantes de la mort. La lune éclairait au loin le paysage silencieux, et les sépulcres de la Via Appia où la Rome antique dort depuis des siècles son sommeil éternel, me rappelaient le beau mythe d'Endymion endormi à jamais dans un rêve poétique caressé par les rayons d'Artémis-Séléné.

Rome, juin 1914.

Un des charmes principaux de la Via Appia réside dans l'infinie variété des souvenirs qu'elle permet d'évoquer. Depuis les temps légendaires des rois jusqu'aux siècles de la décadence de l'empire, il n'est pour ainsi dire pas d'époque de l'histoire romaine dont on ne puisse y retrouver quelques vestiges, si ce n'est que par une tombe en ruines ou par un fragment d'inscription funéraire, et, à côté de noms illustres comme ceux des Scipions ou de Pompée, une foule d'autres plus obscurs y rappellent les différents aspects de la vie cosmopolite dans la capitale du monde antique.

La Voie Appienne n'était d'ailleurs pas bordée uniquement de tombeaux, et quelques somptueuses villas seigneuriales contribuaient à y rehausser l'attrait pittoresque du paysage. On sait ce qu'étaient ces propriétés des riches

Romains : de véritables villages groupés autour du palais habité par le maître. C'est ainsi que le « pagus triopius » d'Hérode Atticus, qui s'étendait entre la Voie Appienne et la Voie Latine, renfermait, outre les bâtiments de luxe et de nombreuses maisons d'habitation, des vignes, des champs, des prairies, des bois d'oliviers. Ce domaine avait été apporté en dot au célèbre rhéteur par sa femme Annia Régilla, et c'est, dit-on, en son honneur qu'il lui donna le nom de Triopium, d'après celui d'un sanctuaire fameux de Cérès près de Cnide.

Hérode Atticus est une des figures les plus originales de la Grèce au temps des Antonins. Son père Atticus, fils d'Hipparque, avait trouvé dans sa maison au pied de l'Acropole d'Athènes un trésor d'une valeur si extraordinaire qu'il jugea prudent de s'adresser à l'empereur Nerva lui-même pour savoir ce qu'il devait en faire. Le vieux souverain lui en ayant laissé la propriété, Atticus se trouva être du jour au lendemain l'homme le plus riche de son pays. Il put ainsi faire donner à son fils une éducation princière, à laquelle contribuèrent les philosophes et les rhéteurs les plus réputés de l'époque. Jeune encore, Hérode sut se concilier la faveur de l'empereur Hadrien, qui lui

confia une mission importante en Asie Mineure.
Son crédit fut plus grand encore auprès d'Antonin, qui le nomma précepteur de son fils adoptif Lucius Vérus, et de Marc-Aurèle, qui prisait
beaucoup son savoir et son éloquence. Ami non
seulement des lettres et des sciences, mais
aussi protecteur éclairé des arts, Hérode consacra une partie de son immense fortune à
enrichir sa patrie d'une série d'édifices somptueux, tels qu'un théâtre à Corinthe, un stade à
Delphes, un aqueduc à Olympie, et surtout les
beaux monuments dont il orna sa ville natale :
le stade panathénaïque, qu'il fit revêtir entièrement de marbre, des temples à Pallas-Athéné
et à Tyché, enfin le magnifique théâtre dont les
ruines subsistent encore sur un des versants de
l'Acropole.

Un des services les plus précieux qu'Hérode
Atticus rendit à Athènes fut la réorganisation
et la direction de son université, dont il fut
chargé par Marc-Aurèle. Il était en effet un
professeur remarquable, aux leçons duquel les
auditeurs accouraient en foule de Rome et de
tout l'empire. Il avait l'habitude de réunir ses
élèves favoris dans une des maisons de campagne qu'il possédait dans les environs de la
ville, notamment à Képhissia, où, comme le ra-

conte l'un d'eux (Aulu-Gelle, dans ses Nuits Attiques), « grâce à l'ombre de bois épais qui les garantissait contre les ardeurs brûlantes de l'été et de l'automne, ils jouissaient de la fraîcheur du site sous des portiques longs et agréables, tandis que le murmure des eaux coulant abondantes et claires dans des bassins resplendissants se mêlait au chant des oiseaux pour faire retentir tout entière cette délicieuse villa ».

Ce tableau fait songer à l'inscription qui, selon Sénèque, s'offrait aux regards de celui qui entrait dans le jardin d'Épicure : « Hôte, ici tu te trouveras heureux, ici le bien suprême est la volupté. » Les jouissances que l'on goûtait dans ce « séjour de la volupté » consistaient d'ailleurs essentiellement dans les plaisirs de l'esprit et dans les enseignements que le maître prodiguait au milieu du calme d'une nature riante, faisant oublier par le charme de sa parole l'extrême frugalité de repas composés uniquement de polenta et d'eau fraîche. Car, au contraire d'Hérode Atticus, Épicure était pauvre, et il avait toujours donné l'exemple de la plus grande simplicité de mœurs, disant qu'on s'enrichit plus en diminuant ses besoins qu'en augmentant sa fortune. Ni les honneurs, ni les richesses, ni les plaisirs ne lui semblaient nécessaires pour être heureux; il estimait que l'on peut trouver le plus haut degré de félicité dans la vie la plus frugale et la plus modeste, à condition que l'on possède la liberté intérieure, qui seule nous rend vraiment indépendants du sort et des hommes. Le bonheur ne lui apparaissait pas comme une succession de jouissances matérielles, mais comme un état stable de l'âme non troublée par les agitations du monde. L'existence retirée étant selon lui seule capable de procurer cette félicité parfaite, il préférait la paix de l'étude et de la méditation philosophique aux honneurs dangereux des charges publiques. De son vivant, on n'avait guère fait attention à lui, même à Athènes, où il demeurait; et, en rappelant dans une lettre écrite vers la fin de sa vie les bons moments passés dans sa retraite avec son ami le philosophe Métrodore, il disait s'être bien trouvé d'avoir pu rester ainsi inconnu et même ignoré des Grecs ses contemporains.

« Rien n'est plus doux, dit le poète épicurien Lucrèce, que d'abaisser ses regards du temple serein élevé par la philosophie, de voir les mortels épars s'égarer à la poursuite du bonheur, se disputer la palme du génie ou les honneurs que donne la naissance, et se soumettre nuit et jour aux plus pénibles travaux pour s'élever à la fortune ou à la grandeur. » Et il ajoute que, pour pouvoir jouir de tout le bonheur que comporte notre nature, il suffit d'un corps exempt de douleurs, d'une âme libre de craintes et de soucis.

Si Épicure voyait dans les souffrances physiques et morales des maux à éviter, c'est qu'il les considérait comme des entraves à cette libre possession de soi-même indispensable à la vraie félicité. Mais, lorsqu'il ne pouvait s'y soustraire, il leur opposait une fermeté d'âme qu'un Zénon ou un Épictète eux-mêmes n'auraient pas surpassée; et, comme dit Sénèque, qui le compare à Socrate pour l'influence qu'il exerçait sur ceux qui l'approchaient, ses disciples durent plus à son exemple qu'à ses leçons.

Le calme imperturbable de l'âme, l'ataraxie, tel était l'idéal que se proposaient les épicuriens aussi bien que les stoïciens, et, dans leur négation de la souffrance, ces derniers ne faisaient que pousser à l'extrême le principe selon lequel il faut s'affranchir de la douleur physique et morale pour se posséder soi-même et jouir pleinement de l'existence. Nées toutes deux au moment où la décadence politique de la Grèce s'annonçait irrémédiable, les deux écoles poursuivaient au fond le même but, qui était de rendre l'individu indépendant des circonstances extérieures, et de lui permettre de trouver en lui-même les satisfactions que la vie publique ne pouvait plus lui procurer. Divisées en factions qui les livraient tantôt à la tyrannie de quelque aventurier ambitieux, tantôt à une anarchie non moins pernicieuse, les villes grecques avaient offert une proie facile aux conquérants étrangers, et cela d'autant plus que ces troubles politiques continuels avaient eu pour conséquence un abaissement considérable du niveau moral des populations. Parmi les rares citoyens qui ne s'étaient pas laissé entraîner par le courant général, quelques-uns essayèrent en vain de le combattre, mais la plupart se rendirent compte de l'inanité d'efforts isolés contre une corruption aussi universelle. Il arriva ce qu'on vit se produire souvent dans des époques semblables : c'est que ceux qui avaient conservé au fond d'eux-mêmes un certain idéalisme se retirèrent de la vie publique, et essayèrent de mener loin de la foule une existence où le culte de la philosophie leur permettait d'oublier les tristesses de l'heure présente.

On peut s'expliquer ainsi le succès des doctrines de Zénon et d'Épicure, non seulement auprès des Grecs de la décadence, mais aussi plus tard auprès des Romains de l'empire. Sénèque par exemple est entièrement sous l'influence des deux écoles rivales, dont il reconnaît les affinités malgré leurs divergences; il puise des enseignements chez toutes deux, et, tout en se déclarant stoïcien, il ne cesse de citer, en les approuvant, de nombreux préceptes d'Épicure. C'est dans le culte de cette philosophie de détachement des choses extérieures et de concentration sur soi-même qu'il trouve la force de supporter la vie d'angoisses sans fin que lui vaut sa situation à la cour de Néron. Dans une de ses lettres à Lucilius, il parle de ceux « qui semblent heureux aux yeux du vulgaire, mais qui en réalité tremblent d'effroi au faîte de la grandeur qu'on leur envie, et ont d'eux-mêmes une opinion toute différente de celle d'autrui ». « C'est alors, ajoute-t-il, qu'ils vantent un loisir doux et indépendant; ils détestent l'éclat, et cherchent à fuir leur situation alors même que celle-ci est encore en pleine prospérité. »

Sénèque avait, selon Tacite, essayé en vain d'obtenir de Néron la permission de quitter son service, et il avait même offert à ce prince de lui rendre les richesses qu'il tenait de lui. N'ayant eu que trop rarement à son gré l'occasion de jouir de la paisible et studieuse retraite qu'il ne cesse de préconiser dans ses écrits, il espérait du moins pouvoir y consacrer entièrement ses derniers moments. « Combien il est beau, écrivait-il à Lucilius, de consommer sa vie avant de mourir, puis d'attendre tranquillement la fin de ses jours en ne s'occupant plus que de soi-même ! » « On n'est, ajoutait-il plus loin, vraiment au-dessus du sort, vraiment affranchi et libre que lorsqu'on vit avec son existence achevée derrière soi. » (Ille demum necessitates supergressus est, et exauctoratus ac liber, qui vivit vita peracta.) Ne plus rien attendre de la vie, être prêt à la quitter d'un moment à l'autre, c'est pour lui le vrai moyen d'en jouir, de même que, selon Épicure, celui-là jouit le mieux de ses richesses qui sait le mieux s'en passer. La grande raison pour laquelle nous n'avons pas le droit de nous plaindre de l'existence, c'est, dit le philosophe romain, le fait qu'il nous est loisible d'en sortir à notre gré, et il cite une sentence d'Épicure d'après laquelle « si c'est un mal de vivre dans la détresse, rien du moins ne nous oblige à y vivre ».

L'idée de l'affranchissement par la mort

volontaire s'était emparée de l'âme de Sénèque comme de celle de beaucoup de ses contemporains, forcés de vivre ainsi que lui sous la menace continuelle d'une insupportable tyrannie. N'ayant pas pu organiser son existence comme il l'avait rêvé, il revendiquait tout au moins le droit d'en sortir quand et comme il lui plairait, disant que, si nous devons compte de notre vie aux autres, nous ne devons compte de notre mort qu'à nous-mêmes.

Le récit de ses derniers moments nous le montre accueillant sans frayeur ni tristesse l'annonce de la sentence par laquelle Néron le condamnait au suicide; puis, après s'être fait ouvrir les veines, consolant son entourage et s'occupant de questions philosophiques aussi longtemps que l'état de ses forces le lui permit. Cette scène, que Tacite relate dans tous ses détails, se passait dans une villa de la Voie Appienne, à peu de distance de l'endroit où devait s'élever plus tard le Triopium d'Hérode Atticus. Les derniers vestiges de cette villa ont disparu; mais on admet que le tombeau de Sénèque, dont les ruines subsistent encore, se trouve sur l'emplacement où elle s'élevait.

Un bas-relief qui orne ce tombeau représente l'histoire du fils de Crésus, Atys, tué

d'un coup de lance à la chasse, malgré les pré-
cautions prises par son père pour évitèr l'accomplissement d'un songe prophétique selon
lequel il devait périr percé par une pointe de
fer. Que Sénèque ait choisi lui-même ou non
le sujet de ce bas-relief, il faut dire que la destinée tragique du roi de Lydie avait bien de
quoi frapper son imagination de philosophe,
et sans doute trouvait-il une consolation à son
propre malheur dans l'idée de la fatalité à laquelle on essaie en vain d'échapper. Peut-être
aimait-il aussi à se rappeler lors de ses derniers moments l'entretien de Crésus et de
Solon, relaté par Hérodote, où l'idée de la mort
bienfaisante se trouve si poétiquement évoquée
dans l'histoire de Cléobis et de Biton. Ces deux
jeunes gens, fils d'une prêtresse argienne, faisaient l'admiration de tous par leur vigueur et
par leur beauté aussi bien que par leurs qualités morales. Un jour que l'on célébrait à
Argos une fête en l'honneur de Junon, leur
mère devait se rendre au temple sur un char
traîné par des bœufs. « Comme le temps de la
cérémonie pressait, dit le naïf récit d'Hérodote, et qu'il ne permettait pas à ces jeunes
gens d'aller chercher leurs bœufs, qui n'étaient
pas encore revenus des champs, ils se mirent

eux-mêmes sous le joug; et, tirant le char sur lequel leur mère était montée, ils le conduisirent l'espace de quarante-cinq stades jusqu'au temple de la déesse. Après cette action, dont toute l'assemblée fut témoin, ils terminèrent leurs jours de la manière la plus heureuse, et la divinité fit voir par cet événement qu'il est plus avantageux à l'homme de mourir que de vivre. Les Argiens assemblés autour de ces deux jeunes gens admiraient leur force, et les Argiennes félicitaient la prêtresse d'avoir de tels enfants. Celle-ci, pleine de joie, et flattée autant de l'action de ses enfants que des louanges qu'on lui donnait, debout aux pieds de la statue, pria la déesse d'accorder à ses deux fils Cléobis et Biton le plus grand bonheur que pût obtenir un mortel. Cette prière finie, après le sacrifice et le festin ordinaire dans ces sortes de fêtes, les deux jeunes gens, s'étant endormis dans le temple même, ne se réveillèrent plus et terminèrent ainsi leur vie. »

Rome, juin 1914.

Ma dernière promenade sur la Voie Appienne
a été consacrée aux Catacombes. Les humbles
sépultures des premiers chrétiens, visitées ainsi
après les ruines des riches monuments funé-
raires païens, produisent une profonde impression de contraste. Pourtant il y a, précisément
dans l'idée de la mort telle qu'elle nous apparaît dans les peintures des Catacombes bien des
choses qui rappellent la poésie dont la mythologie hellénique avait su entourer celle-ci, et les
aspects consolants sous lesquels la philosophie
antique aimait à la représenter. Les symboles
que l'on rencontre sur beaucoup de sépulcres
païens : la colombe emblème de la paix de l'âme

délivrée des entraves du corps; le paon, l'oiseau immortel de Junon; puis les quatre saisons, images de la résurrection constante de la nature, se retrouvent dans les ornements des tombeaux chrétiens, et, à côté de sujets bibliques, on y voit des scènes mythologiques servir d'allégories de la vie future.

Ce qui frappe avant tout, c'est la sereine poésie qui se dégage de toutes ces naïves peintures. Nulle part on ne trouve quoi que ce soit qui puisse rappeler les terribles épreuves par lesquelles passait alors le monde chrétien; partout ce sont les idées de paix et de félicité dans un au-delà meilleur. Le Christ lui-même n'a rien du Dieu vengeur des Hébreux, et d'autre part toute représentation des scènes de sa passion est soigneusement évitée, jusqu'au crucifiement lui-même, qui n'est jamais reproduit par l'art chrétien des premiers siècles. Le Sauveur se personnifie pour les fidèles du temps des persécutions dans le Bon Pasteur veillant sur eux et les accueillant après leur mort dans ses prairies célestes, éternellement riantes et paisibles. Parfois il emprunte la figure d'Orphée, attirant à lui, par les sons mélodieux de sa lyre, les âmes représentées sous la forme d'agneaux, ou bien, ainsi que dans la vision de sainte Perpétue avant son martyre, il apparaît, au milieu d'un parc magnifique, comme un berger d'âge vénérable trayant ses brebis et donnant de ce lait divin à boire aux bienheureux qui l'entourent.

La représentation du Paradis est un des sujets favoris des artistes des Catacombes. Les fidèles qui se réunissaient auprès des tombeaux des martyrs puisaient dans cette perspective la force de résister aux maux qui les accablaient. Pendant que l'orage des persécutions grondait sur leurs têtes, ils trouvaient l'oubli de la terrible réalité dans le calme de leurs cimetières souterrains, où tout ce qui les environnait n'évoquait que les idées de paix entre frères ici-bas et de joies célestes sans fin récompensant ceux qui avaient sacrifié leur vie terrestre pour leur foi.

Un milieu pareil était tout fait pour préparer ceux qui s'y trouvaient à recevoir l'annonce de la nouvelle doctrine, si consolante pour les déshérités de ce monde. Nous savons peu de choses sur les réunions des premiers chrétiens, mais nous pouvons nous faire une idée des sentiments qui les animaient par les peintures et par les inscriptions des Catacombes, puis par une autre manifestation plus immédiate encore de leur état d'âme : par le chant liturgique des premiers siècles de l'Église, tel qu'il s'est perpétué jusqu'à nous dans le plain-chant. Les admirables monodies grégoriennes sont l'épanouissement de cet art né sans doute dès l'époque des persécutions; en les entendant, nous pouvons nous représenter encore le frisson de profonde émotion religieuse qui saisissait les fidèles accourus aux pieds des apôtres du Christ, et répondant à leur parole ardente par un de ces hymnes d'une si grandiose simplicité. C'était un souffle d'inspiration puissante, surhumaine, qui passait sur cette foule enthousiasmée, lui faisant oublier tout pour sa religion. Que pouvaient les serviteurs des Césars contre un courant d'idéalisme pareil, que les pires supplices n'arrivaient pas à décourager! Quand on a fait le sacrifice de sa vie, on est invincible, et les moyens violents que la puissance impériale employait pour terrifier les chrétiens ne réussissaient qu'à augmenter leur soif de martyre. La mort pour leur foi était à leurs yeux le triomphe suprême, l'aurore d'une vie nouvelle, faite de paix éternelle et d'éblouissante lumière céleste. Aussi les chants par lesquels ils accompagnaient la mise au tombeau de leurs frères n'avaient-ils rien de lugubre ni de plaintif. C'est ainsi que le « Requiem » du plain-chant, qui nous permet de nous en faire une idée, n'est pas une lamentation, mais une prière empreinte d'une tranquille majesté, adressée à un Dieu que l'on sait juste et plein de miséricorde; cet hymne sublime évoque moins l'image de la mort que celle de l'au-delà, et il exprime, non le regret de la vie terrestre, mais l'attente du bonheur éternel.

Les Catacombes nous font comprendre comment le christianisme, la religion des faibles et des déshérités, a fini par vaincre la plus formidable puissance politique que le monde ait connue. Ces réunions souterraines, où le mystère de la demi-obscurité s'ajoutait à l'impression profonde produite par la présence des tombes des martyrs, avaient de quoi exalter à un haut point l'enthousiasme mystique des fidèles, et fortifier en eux, par le sentiment de la solidarité entre les morts et les vivants, le dévouement à la grande cause commune. Soutenus par la foi inébranlable dans une existence future supérieure à la vie terrestre, les premiers chrétiens ont opposé à toutes les menaces et à toutes les séductions une énergie tranquille contre laquelle tous les efforts de leurs adversaires ont fini par se briser. Leur triomphe a été celui de l'idéalisme sur les forces matérielles, et une preuve que, malgré tous les succès momentanés de ces dernières, c'est en fin de compte toujours l'idée qui mène le monde.

IMPRIMERIE BERGER-LEVRAULT, NANCY-PARIS-STRASBOURG